贝克知识丛书

Geschichte Der USA

美国史

Horst Dippel

[德] 霍斯特·迪佩尔 著

何 俊 译

上海三联书店

目　录

第一章
殖民时期
（1607—1763）

    想要著述一本让更多读者一目了然的美国简史，就必须尽力找出这个国家在过去、当今和自我定位上的特质，并清楚地展现其历史发展与欧洲历史发展的不同之处。鉴于这个目的，把材料按时间顺序排列就比以主题为标准进行编排更为合适，这样便能让读者更容易理解美国历史在不同阶段和年代的演变和发展。这样做并非是为了所谓的"美国特性"，我们假定的美国历史和今日美国生活的特质，跟多方引用的英国史"辉格式解释"大同小异，无外乎是主流阶层的自我辩护意识，而在这一阶层中，黑人、持西班牙语的拉美族裔以及其他少数种族均无处容身。但此处要强调的是，绝不能将今日视域下成形的美国历史面貌理解为欧洲历史的纯粹变体。

撇开对当今美国生活而言充其量只是转瞬即逝的印第安人原始部落不论，美国历史实际上在 1607 年发轫：当时，首个固定聚居地的居民从英国远涉而来，并在北美的东海岸生根落脚。这绝不是欧洲移民在北美大陆建立的第一个殖民地，1565 年，人们宣称在今天的佛罗里达州建立的圣奥古斯汀这里才是美国最古老的城市。尽管如此，美国历史仍根植于 17 和 18 世纪英国殖民地的建立，而昔日西班牙在当今美国国土上建立的殖民地，直到 19 世纪才被纳入美国历史的范畴。

在北美海岸建立殖民地，这样的尝试并非没有问题，这一点英国在 1607 年是心知肚明的。1585 年，在今天北卡罗来纳州的洛亚诺克岛上，英国航海家以"弗吉尼亚"为名建立了首个殖民地，但后来的造访者并没有发现这一地区的印记，故而我们不得不认为，那些居民成了印第安人的牺牲品。

从早期发生的事件中，至少可以窥见英国在北美殖民地的建立，尤其是其早期历史阶段的三个特征。第一个特征，必须强调的是，与西班牙在美洲建立殖民地不同，英国在北美要建立的是垦殖地，而不是统治或占领地。换言之，英国没有向美洲派驻兵力，不存在以英国国王的名义占领当地领土、征服土著的意图。来美洲的多半是商人团体，虽然他们携带着国王许可证，但也是私营组织，其开路先锋为弗吉尼亚公司。另外还有心怀移民愿望、追求买卖利益的英国人，他们想在美洲扎根驻留，以奠定未来贸易的基础。

第二个特征是，这些殖民地的建立虽然得到国王的准予，但仍是私法之举，这就导致英国政府至少在头十年内对这些殖民地一无特别兴趣，二无针对政策。后来这也常被称为"善意的疏忽"，它导致英国殖民地的建立一开始就已呈现出特定的形式和表征，而其中的诸多元素还给殖民时期打上了深刻的烙印。法律的自由减少了国家对政治实践和法律模式的干预，其发展历程在下文还会多次述及。

第三个特征让英国殖民地与西班牙的有所不同，它在某些方面对美国的影响一直持续至今。这一特征源自殖民地的特点，其建立的基础是驱赶现存的土著居民，如果他们有碍经济发展就加以消灭。因此，在英国人聚居的北美洲以及其后的美国，白种人和印第安人的混血儿构成社会力量的现象从未出现；数个世纪以来，印第安人被视为社会文明的局外人，直到1924年，所有在美国出生的印第安人才获得美国国籍。美国可以像对待外国一样，跟印第安部落订立契约，并像19世纪30年代最高联邦法院规定的那样，把印第安人的某一部落视为美国领土上独立的"国家"；但几百年来，美国就是拒不承认印第安人是有着自己种族起源的美国社会的重要组成部分，直到现在，这种抗拒对乐于把自己宣扬为多种族共处的美国社会还在产生消极影响，至少在潜意识里仍是毒流。

1606年建立的弗吉尼亚公司谋求的是经济利益，该公司建立的詹姆士镇亦是如此，还有弗吉尼亚殖民地后来得以扩大的方式也折射出这一点。1619年，此地的发展过程中又新增了一个要素：一艘荷兰海盗船抵达詹姆士镇，带来了20名非洲人，他们先前是被人从加勒比海里的一艘西班牙奴隶船上掳掠而来，而在这里则被用于交换食物。美国黑人的历史由此开始，而在弗吉尼亚却无人意识到这一点，遑论英国本土人士。同时，另一现象也初露端倪，即在后来的岁月中踏上美洲土地的人，并非都是心甘情愿的。这不光体现在黑人身上，一直持续到19世纪，一些作奸犯科的英国人也是如此，他们被英国政府流放到美洲殖民地。

对于直到 1642 年英国内战爆发之时移民到美洲的 7 万多英国人来说，情况则完全不是这样。他们一部分是出自经济原因，跨越大西洋来到这里，想要摆脱在英国穷困潦倒的状况，而在弗吉尼亚抑或英属加勒比海各岛（包括百慕大）过上更为富足优渥的生活；另一部分是出于宗教原因，这些人中有不少是受到巴尔的摩勋爵庇佑的天主教徒，这位勋爵在 1632 年从英国国王手里得到了波托马克河北部的一块用于建立殖民地的领土，按照所定的目标，勋爵把这块领地易名为马里兰。更为有名、为美国的自我定位打上更深烙印的是那些清教徒，他们以朝圣者先驱的身份乘着"五月花"号轮船来到美洲，于 1620 年底在今天马萨诸塞州的科德角附近上岸。在 101 名乘客和船员中，这些清教徒只占少数，他们草拟了 1620 年 11 月 11 日的《五月花号公约》，这是载入美国史册的、关乎美国自治和意愿的最早文件，它规定用自赋的、公正平等的法律来治理国家。

在接下来的数十年中，可以看出各殖民地建立的三个基本原因：其一是经济利益，这体现为 1663 年弗吉尼亚建立后又建立了卡罗来纳，次年再建立新泽西；其二为宗教原因，这促成了马萨诸塞的建立，随之在

1631 年、1636 年和 1638 年分裂成康涅狄格、罗德岛和新罕布什尔，1680 年又建立宾夕法尼亚；最后一个原因则是对慈善事业的考虑，这对 1732 年佐治亚的建立具有决定性作用。此外还有一个特点：在合并北美海岸边的英国殖民地之后，作为战利品，英国 1664 年又获取了原来荷兰的殖民地，在此基础上，英国殖民地纽约建成，在某种程度上特拉华也是如此建立的。

英国在北美殖民地的形成历史各不相同，这具体表现为，随着佐治亚的建立，数目增加为十三个的殖民地有着不同的法律形式，而这些法律形式也折射出自 17 世纪以来英国政府对那些殖民地日益增加的兴趣。据此，殖民地又分为业主殖民地、王室殖民地和所谓的租赁殖民地。第一类殖民地由业主——公司或单个家庭，但后来越来越多地由国王来经手，亦即英国扮演权利人的角色，要么是业主出让他的权利，要么是国家这一权利人迫于局势所逼，单方面废除了原来的法律形式。这样一来，弗吉尼亚和马萨诸塞分别在 1624 和 1691 年成为王室殖民地。在英国殖民时代末期，还有最后八个王室殖民地：新罕布什尔、马萨诸塞、纽约、新泽西、弗吉尼亚、南北卡罗来纳和佐治亚；三个业主殖民地：宾夕法尼亚、特拉华和马里兰；以及两个租赁殖民地：康涅狄格和罗德岛。在王室殖民地，总督由国王任命，受命者大都是英国下层贵族成员，他们对这种钱多省事的职位颇感兴趣，总督的提拔和任职期限取决于他那些在英国有权有势的友人；剩下的三个有问题的殖民地的事宜则由业主来决定；而康涅狄格和罗德岛则实行自治。协助总督的还有一个由他任命的委员会，总督一方面是国王在各殖民地的最高代表，另一方面又受到根据普选法选举出来的议会制约，后者参照英国议会的模式享有国家财政主权。在大英帝国和殖民地的利益之间，形成了一种制度化的对峙关系，在其中发挥重要作用的不光有总督——他可以对议会的每一项立法措施行使绝对的否决权——还有英国最重要的三个政府机构，即贸易部、财政部和税务司，它们在殖民地的治理上都有发言权，故而贸易部可以废除殖民地的任一法律。

随着时间的推移，殖民地机构形成并得以稳固。在英国 1688 到 1689 年间"光荣革命"的影响下，各个殖民地联合会持续地巩固了自己的地位。其他发展因素则有 17 和 18 世纪频繁进行的英法之战，战争总会波及美洲大陆，而在这片土地上有着圣劳伦斯河下游环绕魁北克的法国殖民地，它又可能向英国殖民地的后方疆域扩展，这就一再引发剑拔弩张的敌对局势，且双方都乐于征用印第安族裔土著并入战争后备部队。然而，英国殖民地居民人数上升，由此带来殖民地不断西扩，来自各国的移民群体也日益混杂化：约60%来自英国，来自苏格兰、爱尔兰和德意志地区的各占8%—9%左右。另外，黑奴数量增加——尤其是在南部殖民地。这些都推动了殖民地日益独立的进程。

正如建立殖民地的动机各不相同，人们迁入这些地区的动因也有区别。很多人来到此地，是为了逃离欧洲的贫困、战乱和迫近的饥荒，而另一些人则是因为宗教信仰不同而饱受压制和迫害，于是想在英国殖民地过上与其信仰相合的生活。对于清教徒来说，这就意味着一个"新的耶路撒冷"，体现为纯粹的、没被篡改的教义，它很快就僵化为神权政治教条，并开始驱逐异教徒。这个群体中就有罗杰·威廉姆斯，他在1636年建立了普罗维登斯殖民地，由此成为实际的罗德岛建立者，并作为最早、最重要的宗教宽容捍卫者进入美国历史，乃至整个人权历史。对于贵格会教徒而言，宗教宽容是生活原则问题，尤其是在他们喜好的居住区宾夕法尼亚，成为殖民地的普遍规范准则。因为各种教派和教区的并存，此地最后形成了一个不同宗教信仰共生的团体，尤其种族分布也呈多元化。尽管英国做了些许尝试，但仍有未圆之梦，那就是在所有殖民地建立一个英国圣公会主教管区，尽管这一教会尤其在弗吉尼亚所占的比例较大。这样一来，一直到美国独立，虽然殖民地居民的宗教信仰呈多元化且分散化，但在很大程度上是自主的；另一方面，撇去在马萨诸塞发生的一起有时限的事件不论，对古老的欧洲来说，再典型不过的王室与宗教联盟在美国却无法生根，这也是19世纪下半叶以后摩门教在犹他享有特殊地位的原因。

从一开始直到今日，各个教派都基本相安无事，正因如此，直到现在，作为基准点和社会机制的教会都能在美国人的生活中发挥特别重要的作用，甚至走向宗教信仰上的过分虔诚，或者发展为其形式在欧洲不为人知，但始终危险重重的基督天主教的基要主义。不光是在宗教压迫时期，经常会有包括牧师在内的整个教区移民美洲；在这之后，因为缺少其他高效的慈善组织，教区一直都是帮助新居民学习语言、融入社会的中心机构。

从《五月花号公约》可以窥见，这些教区在殖民地建立开始就已经进一步发展成了政治社区，那里没有像在英国那样上升的特权，而只是对社区确有着明显兴趣的男士参与进来，也就是说，这些人至少拥有一定数量的、为农业提供自然基础的土地。但随着人口数量的上升，情况发生了变化。在新英格兰殖民地（马萨诸塞、康涅狄格、罗德岛和新罕布什尔），土地贫瘠，产量低下，故而比起其他殖民地，这些地方更早开始寻找可替代性的发展方案，而当地资源的自然属性也在诸多方面起到辅助作用。现有的林木资源适宜于优先发展造船业，水湾密集的海岸区则提供了大量的安全港口。因此，这些地方的城市化比北美其他地区开始得更早，到了 18 世纪中期，波士顿和纽波特的居民数量分别已逾 1.5 万和 1 万。船舶制造、海外贸易和捕鱼业成为重要的经济产业，而农夫则在寻找合适土地的过程中不得不一再向西迁徙。

在 18 世纪，这样的西迁在所有殖民地都曾发生，它影射出显著增长的人口对扩大聚居区的需求。同时，西迁标志着旧的聚居区的土地已经不足，也显现出东西部差别拉大：东部居民已臻富裕，多是早期移民家庭；而西部居民则完全以农业为生，多是新近移民。虽然这一财富差距远非欧洲那么大，也不能跟西班牙中南美洲和葡萄牙中南美洲殖民地的贫富差距相提并论，但在 18 世纪的进程中，殖民地建立阶段显著得多的平均主义特点还是让位给了一个贫富有别的社会：不管里面存在多大的灵活性和流动性，但类似阶层差别的东西已经形成，诸如社会经济精英、某类中产阶级以及尽管数目相对较小却已经发展而成的下层民众。

这一社会状况在大西洋中部的殖民地（宾夕法尼亚、纽约和新泽西）及其两个大城市——费城和纽约的异质性中折射出来：费城有 4 万居民，是 1775 年左右位于伦敦、都柏林和布里斯托之后的第四大城市；而当时纽约的人口只比费城的一半略多。不仅如此，贫富差距在纽约与奥尔巴尼之间的哈得逊河谷地区也呈现出来，在那里，少数土地领有者坐拥数十万公顷的良田，而越来越多的租赁者从事劳作。

在 18 世纪的进程中，从马里兰和特拉华到佐治亚的大西洋南部的殖民地最后发展成为大型耕地，开始生产在欧洲越来越受欢迎的农产品，尤其是烟草、大米、靛蓝和棉花。这些产品都在位于海滨地区、面积得到扩充的种植园里生产出来，庄园主被称为种植贵族，他们让数量越来越多的黑人成为奴隶。除了查尔斯顿以外，这里几乎没有人口超过 1 万的城市，被运往英国的产品经过英国或新英格兰的船员之手，直接经由水量充沛的河流运抵。在缺乏生产这些产品所需的自然条件的地方，譬如在殖民地的后方或者在北卡罗来纳，占主导地位的则是那些规模相对较小，也较为质朴的家庭农场。

在 17 和 18 世纪的历史长河中，这 13 个经济繁荣的殖民地的人口每隔 25 年就翻一番，到了殖民时代末期，这些地方的居民数量足有 250 万，其中约五分之一是黑奴，他们中足有 90% 住在南部；而白人则几乎均衡地分布在新英格兰殖民地、大西洋中部及南部殖民地；自此以后，从原来属于马萨诸塞的缅因的南部海滨地区一直到佐治亚都有白人居住，至于在西部从宾夕法尼亚西部直到北卡罗来纳，阿巴拉契亚山东面的斜坡也已经有了大面积的聚居区。

如果考虑海滨地区的居住地几乎横跨 2000 千米，并深入内陆至多 300 千米，可以清楚地看到，因为位置相对封闭，所以当地的外部环境就有着重要意义；不仅如此，其他显而易见的是，由于缺乏足够的基础设施，正在成形的殖民地社会还几乎无法呈现出让人一目了然的地理空间，或者给人一种甚至越过本殖民地界限的印象。因此，每一次行动，不管是在日常生活、职场工作还是政治领域中，首先不得不跟当地——最好是跟整个区域紧密相连，而在这一联系中，比之外界，变化更多是从内部发生。于是，在这一个体化的世界中，从一开始，自主负责和主观能动就在生计中占有重要地位。直到现在，这一特质给美国生活带来的影响要比给欧洲带来的显著得多，在此只需想想福利国家的问题就一清二楚了。

　　美国生活的这些特质主要得益于英国殖民地管理体制的推动。实际上，在这里除了邮政业以外，缺乏大一统的结构，而且各殖民地的管理特点也间接促进了个体化趋向。各殖民地议会以英国议会为典范，成功地保障了财政主权，由此不仅掌控了收入，而且还在很大程度上控制了各殖民地的支出，包括政府任职者的工资和补贴（首当其冲的就是总督）。这样一来，议会就能给殖民地的政治施加重要影响，或者在冲突时期持续干扰当地由总督代理的英国政府的帝国政策。在18世纪的进程中，各议会成功地控制了所在殖民地的整个议会程序，并将产生的影响扩展到行政层面，由此议会可能会把自己的亲信派遣到税务、司法等行政部门，而不是让总督的心腹上任，其结果是加大了稳固与英国殖民政策相符的统治的难度。这就导致殖民地的政治重心明显转移到了当选的议会，而与此同时，英国政府的权威变得风雨飘摇，施展威望变得越来越困难。

　　在殖民地内部，发生了上述对大英帝国的稳定有着深远意义的权力转移，随之一部分人成功地赢取了对所在殖民地政治的广泛影响，他们主要是东部殖民地地位已经稳固的社会经济精英。然而，不仅英国本身的潜在利益因此受损，而且那些位于西部新聚居区的垦拓者不光在政治上受到冷遇，其特殊利益也几乎无人顾及，常有毫无依靠之感。在一个半世纪的历史长河中，不仅出现了马不停蹄的个性化发展，还引发英国在美国殖民地的稳固权力悄然式微。

第二章
革命年代
（1763—1789）

　　在殖民地人民称为"法国－印第安人战争"的"七年战争"末尾，英国政府全然没有意识到其权力地位在美洲殖民地日渐式微。英国更多的是沉浸在打了大胜仗的喜悦之中：英国的统治不光在印度得到了稳固，而且还成功地把法国排挤出了北美洲。英国占领了法语区魁北克，法国则必须把密西西比河、路易斯安那河下游的领土割让给西班牙。这样一来，法国包围英国在北美东部海滨殖民地的危险就得以避免，而在殖民者眼中，在阿巴拉契亚山脉对面进一步向西扩张看起来只是时间早晚问题。

　　这些希冀首次受阻是在 1763 年 10 月 7 日《国王公

告》颁布之时。公告确定阿巴拉契亚山的主要山脊为白色人种聚居区和国土买卖的西部边界，并为印第安人保留了阿巴拉契亚山和密西西比河之间的地区。这样做的意图是避免殖民者和印第安人今后会有冲突，防止印第安人袭击事件的发生，以及消除印第安人聚居地边界区域的不安定因素。

殖民地居民对完全没有顾及他们利益的措施大为不满，短短几个月后，一部议会法律的颁布再次火上浇油。迫于"七年战争"引发的国家债务急剧上升，该法案的出台意味着殖民政府在战后经济危机中迈出了第一步，即重新整治英国这个业已扩大的帝国，并把帝国管理所需开销的一部分转嫁到殖民地上来。1764年的《英国税收法》在殖民地一般被冠名《糖税法》，其出台意味着"善意的忽视"这一政策终成绝响，推出该法律条款的目的是要让英国国库有更多收入进账。民愤情绪主要在新英格兰爆发，抗议者慷慨陈词，尤其反对的是以下政策：在西印度磨拉石盆地征收的关税过去本来可以直接规避，而现在则必须严格缴纳。为了遏制持续的资本紧缺，接下来的《货币法》则完全禁止在殖民地继续发行纸币，由此英国又推行了一项显然无意考虑殖民地经济利益的政策，这也让殖民地的人民愤愤不平。早在过去，因为各式各样偏向英国经济利益的生产和贸易限制，那种至少在经济上屈居二等公民的感觉就已在殖民地人民心中滋生出来，而现在很快又再次得到印证。在这种情况下，英国政府1765年仍颁布了一项《聚居法》和一项《印花税法》，此时它对殖民地权利和自由的侵犯可谓是昭然若揭。

所有殖民地都听闻到抗议之声，而其中的极端声音很快就被打压。据称，英国诸法都要毁灭殖民地。英国法律当局认为殖民地"违反了宪法"，因为税收只有通过人民自己、经由他们选举的代表才能做出决议，这毕竟是英国铁定的一项宪法原则。但是，殖民地在英国议会里并无代表，"无代表不纳税"这话就传开了。秘密组织形成，打着"自由之子"的旗号昭告天下，并提出民众自治的要求。愤怒的游行者与英国殖民统治的官方代表展开对峙，其结果是：本来那些官员已经接受了英国政府的委托，准备从1765年11月1日起在殖民地征收印花税，但最后被迫全部放弃了他们的委托。精英分子也坚定了立场，他们在1765年10月特别召集了"印花税大会"，13个殖民地中有9个派代表参加。会议发布了殖民地人民权利和申诉的声明，并要求撤销已令人怨声载道的《印花税法》。与此同时，纽约、费城和波士顿的商人通过决议，在撤回该法律之前不从英国进口任何商品。英国政府对美洲殖民地的真实境况以及自己权威的悄然丧失并不是很知情，《印花税法》危机给它带来毫无准备的冲击，特别是因为各殖民地懂得通过拒绝进口的方式向宗主国自发表达对抗。英国面临着一个选择：要么动武来恢复自己的权威，要么退缩。英国当局选择了后者，但同时不忘颁布一项法律，借此来强调英国政府和议会将来也能向殖民地颁布任何法律的立法要求。

一个可能会讨论的问题是，以上两个措施，哪一个会给在殖民地遭受挫败的英国政府带来更大损失。在为撤销《印花税法》而欢呼雀跃的同时，殖民地人民也意识到，由于所有殖民地人民、精英人士和中产阶层的联合反对，英国政府已经被迫退缩了；尽管由于确认法的存在，更多地还是因为曾在 1765 年出版过《英国法释义》第一卷的威廉·布莱克斯通的法律权威，大家对如下情形已经不抱幻想：从大英帝国宪法的角度来看，英国政府的法律地位无懈可击，而英国议会有权对它认为必要的每一项法律做出决议。"违背宪法的"法律是不存在的。

接下来数月的平静掩盖了英国当局权威的继续销蚀，这一式微具体表现为层出不穷的小型争论和骚乱。在 1767 年，危机就已经尖锐化，尽管英国议会通过了旨在预防殖民地异议的所谓《汤森法案》，原因是现在要把个税和关税清楚地区别开来，并放弃各殖民地尤其排斥的个税。其对策是，必须对包括茶叶在内的一系列商品征收进口关税。此外，还要通过伴随的法律和政治措施加强英国当局的管理，因为在英国人眼中，历史上殖民地关税官员和刑事陪审法庭被证实是极不可靠的。几座港口城市再一次用抵制进口来应对，尽管英国大幅度施压，但马萨诸塞和另外几个殖民地的立法议会仍然通过了由塞缪尔·亚当斯撰写的通函，言辞激烈地谴责了《汤森法案》。

英国政权遇到了越来越公开的挑战，在这方面马萨诸塞扮演了重要的角色，冲突一再爆发之后，英国派遣两个军团在 1768 年 10 月 1 日驻扎波士顿。这让原本就剑拔弩张的局势越发紧张。1770 年 3 月 5 日，局势升级，一名英国士兵向人群开火，五名示威者当场毙命。这一事件被殖民地人民描述为"波士顿惨案"，它让英国在马萨诸塞的地位变得岌岌可危，以至于副总督哈钦森没有别的选择，只得屈从于塞缪尔·亚当斯的要求，从该城市撤军，转移到波士顿的一个岛屿上。就连几周以后众人皆知的决策，即取消除茶叶税以外的"汤森关税"，也没有让局势从根本上好转，即便外部形势看上去有所缓和。

实际上，英国当局孤身立于不堪一击的统治基础之上，这从 1772 到 1773 年间发生的一件大事上可以清楚地窥见，它给人的印象就如同一幅英国政治权威的讽刺漫画一样。1772 年 6 月 9 日，在追捕一个走私者的过程中，英国关税舰船"葛斯比"号在罗德岛首府普罗维登斯的水域搁浅。开始这只是一桩让人讥诮的尴尬之事，但仅仅几个小时之后，就发展成一个对英国皇家海军的别样挑战。在夜幕的掩护下，商人约翰·布朗率领几十名男子登上"葛斯比"号，把乘务人员驱逐下船，并将船只付之一炬。但是，英国政府并没有从该国宪法原则出发，在无权之地放弃使用权力威胁，而是使情况进一步恶化。英国当局悬赏一笔巨额报酬，并派出一支由最高法官和罗德岛州领导者组成的高级委员会来缉拿罪犯，但这一切都徒劳无功。1773 年 6 月，委员会不得不在毫无结果的情况下终止工作，尽管普罗维登斯的居民心知肚明，清楚到底是谁给英国制造了这场羞辱。

因为英国当局权力的不断滑落，激进分子行动起来就更为容易：他们组织起来，通过所谓的"通讯委员会"策划行动，并互相协商。1773 年末，结果公布于众。次年 5 月，英国政府颁布了《茶税法》，旨在挽救濒临破产的东印度公司，而该公司作为垄断组织控制了印度的大部分地区，与英格兰银行并称为英国最大的金融公司。为了给东印度公司开辟新市场，英国政府允许它向北美殖民地出口茶叶时不必交纳英国对茶叶征收的进口关税；尽管美洲征收进口关税，但殖民地市面上的茶叶价格仍比走私商人的要低。殖民地人民又一次感觉自己无条件屈从于英国经济利益，反抗再次开始。大家公开号召抵制东印度公司的茶叶，于是这家公司在殖民地的贸易伙伴屈从于"自由之子"的压力，取消了他们的订单。马萨诸塞出现了公开冲突。1773年11月末，东印度公司的三艘茶船抵达波士顿港口，众人多次在公共集会上要求总督哈钦森把货物原封不动地退回英国，但他拒绝了。众人要求如果20天内不交付关税，那么这批茶叶就要被没收并运到岸上；而在这一期限截止之前，1773年12月16日夜晚，在塞缪尔·亚当斯的指挥下，一群乔装打扮为印第安人的男人登上茶船，把342箱茶叶全部倒入港口之中。这起政治事件被人讽刺地称为"波士顿倾茶事件"，据说后人把它与法国大革命的攻占巴士底狱事件相提并论。

英国政府和议会决定采取严厉措施。他们颁布所谓的"强制法案"，命令殖民地立即关闭波士顿港，直到它为东印度公司支付赔偿金，并赔偿英国政府损失的关税收入。另外，他们还规定在殖民地法律面前，英国王室官员以后不再履行义务，而是享有在英国的诉讼权。最后，马萨诸塞的宪法实际上就被取消了；按照英国的规定，将来议会要由英国国王任命，而其他所有官员，尤其是司法领域内的都要由总督任命，而不是像此前一样选举产生。另一举措是，议会通过了《魁北克法》。在法案中，13 个殖民地普遍盛行的自治形式全然不见；与一切英国传统背道而驰的是，天主教徒及其教派的权利和自由得到了认可。除此以外，确认了已经英语化、面积扩展至俄亥俄的魁北克地区说法语人士的权利，这就公然损害了包括弗吉尼亚在内的北美北部殖民地在西部的领土要求。两周以后，英国议会做出过分的举动，宣布居住法涉及所有殖民地和私人住宅。

英国当局不是破坏了激进的马萨诸塞与其他殖民地之间的关系，而是惹怒了所有人，让相对来说谨小慎微的精英人群也行动起来。1774 年秋，这个群体在费城召集了第一次北美大陆会议，除了佐治亚以外的其他 12 个殖民地都派员参加。温和派还最后尝试着挽救英国与其殖民地之间的联盟，而多数人已与"自由之子"和激进的中产阶级形成意识形态上的联合，尽管他们行使这一行时动犹豫不决。同时他们还宣布了人民主权的理念，并以此为由否决了英国的各项强制法案，认为它们因为违反宪法而无效。会议还提出要求，除非税收被撤销，否则马萨诸塞的民众不应向英国缴税；所有殖民地人民则武装起来，组建民兵。除了发出严格抵制进口的号召，还通过了执行反对措施的决议；会议日期被推迟，目的是在1775年5月10日重新开会，以评判近期局势。正如在殖民地激进派已经占据上风一样，在英国，温和派掌控话语权的时期也已成为过去。形势发展远远超出既定范围，即便那两派没有按照计划采取行动：一派是那些据称想要奴役殖民地的人，另一派是从一开始就只想让殖民地独立的人。相反的是，迄今为止，"独立"这一词还从未公开出现，即便是私底下它也从未作为政治要求被提出。然而，现在英国因为武装决议和战争准备而面临公开的军事挑战，对殖民地意图的询问比以往任何时候都显得更为重要。

在没有等待英国当局做出答复的情况下，殖民地人民相信这些事件的动机，认为它们最终会想出解决办法。唯其如此，方能解释为何一起军事上无足轻重的群体行动会立即被殖民地精英阐释为烽烟乍起的信号。这里指的是一场交战，一方是700人的英国部队，另一方是来自波士顿的保罗·列维尔先行警告过的民兵队，它阻挠了英军从位于列克星敦附近的康科德的一座武器库进行撤离。永远无法澄清的是，哪一方先开了枪。但整场行动以英军的狼狈逃窜告终，他们最后在损失惨重的情况下抵达波士顿。

马萨诸塞的激进分子一开始就没有观望，而是决定立即组建一支常规军队，并要求其他殖民地提供支援。短短几天后，马萨诸塞的安全委员会派遣400名军人去往毗邻的纽约州境内的提康德罗加堡，目的是夺取贮藏在那里的英军重武器。按照约定，在费城召开了第二届大陆会议——但这次温和派没有到场，寥寥数天后，会议号召所有殖民地进入防御状态，并要求加拿大民众支持13个殖民地的行动。在英国政府获悉首次交火之前，殖民地人民就已经让战争变成了破釜沉舟之事，同时为了掌控军事形势的发展，殖民地精英把大陆军的最高指挥权移交给了他们中的一员——乔治·华盛顿。

尽管历时整整八年，但这场战争本身并无高潮可言，因为双方实力太不均衡。一方虽然有一批欧洲志愿军加入，但参战的大多是没有作战经验的农民。他们必须先接受普鲁士将军弗里德里希·威廉·冯·施托伊本的训练；另外，他们的军事装备通常也比较差劲，尽管有来自法国、荷兰和其他国家的装备和武器支援（大多是非官方的），并且法国官方从 1778 年 2 月起也对北美殖民地表示支持，并卷入了战争。而另一方则是世界领先军事强国的军队，其战舰也坚不可摧，此外还增加了将近 3 万名从德意志诸侯那里征用过来的士兵。然而，军事上的不平衡掩盖了战略局势。殖民地军队在他们熟悉的环境里作战，他们只需要防守阵地，就能在此不显山不露水地移动。相反，英军则面临着艰巨任务，即在军事上占领并稳固一片幅员辽阔的土地。此外，英军还得解决横亘大西洋的艰巨的后勤运输问题。

如果说殖民地因此而在战略上占据明显优势的话，他们也在尽可能的情况下避免短兵相接，而是多半采取后来人尽皆知的游击战方法。大陆军尽管如此仍能在两场决定性战役中取胜，主要是因为英军司令之间缺乏合作。其时英国将军伯戈因正从加拿大向纽约方向挺近，目的是与计划从纽约向北前行的威廉·豪将军汇合，并借此把新英格兰从其他殖民地中分隔开来，然而豪将军宁愿朝着费城方向远征。1777 年 10 月 17 日，在没有援军的情况下，伯戈因不得不在萨拉托加附近投降。1781 年 10 月 19 日，康沃利斯将军在约克镇附近的命运与此类似。他向着海岸前进，目的是在紧急情况下借助英军战舰快速抵达纽约，以便进攻华盛顿将军的军队。但是华盛顿看穿了康沃利斯的意图，于是他与拉法耶特一起赶到弗吉尼亚，并命令德·格拉斯率领的法国战舰开进了切萨皮克湾。英军被包围了，而来自他们自己舰队的救助已无法指望。康沃利斯除了投降别无他法，至此战争实际上已经宣告结束，因为英国无意再向殖民地派兵。

这些年间，重大事件不是只发生在战场上。1776年1月初，当时最有影响力的政治小册子《常识》付梓。发行者托马斯·潘恩是一位激进的英国移民，来殖民地不到两年。他用异常辛辣的文笔抨击了英国的政治体制，并力主13个殖民地独立。由于这份传单的传播空前广泛而且为人喜闻乐见，独立的要求众口相传，让政界也无法忽略。最后，大陆会议接受了独立要求，组建了一个委员会来起草相应的宣言。1776年7月2日，会议正式通过了独立决议。7月4日，托马斯·杰斐逊起草的《独立宣言》得到了批准。

1783年9月3日，英国通过《巴黎和约》在国际法上承认了美国独立。同时，美国领土扩大了一倍以上，一直延伸到密西西比河，但佛罗里达划归西班牙所有，而加拿大仍属英国版图。随着英军撤退，还有最后一批约7000名亲英派离开了那些已经独立的州，该群体总计 10 万人，因为忠于英国国王而不愿见证殖民地独立的进程；在过去的岁月里，他们因为自己的政治倾向而受到排挤和迫害，有时候还被暴力驱逐出自己的家园。正如后来法国大革命中流亡者的命运一样（当然，比之亲英派，这个群体占全国总人口的比例要低得多），亲英派的财产也被没收变卖。因为亲英派在加拿大或英国找到了一个新的栖身之地，并退出了美国政局，所以在美国从未出现像法国那样的反革命运动。

在美国，有一种真正的革命性远离与宗主国的政治冲突，置身于战争之外，它究竟是什么呢？虽然亲英派撤离和业主殖民地独立引起的土地再分配伴随着暴力行动，但跟欧洲相比，美国这场运动发生的外部环境大不相同：土地占有从来不被视为社会特权，而是被看作可能跟普遍政治权利相关的经济商品。因此，跟法国后来的情形不一样的是，这一举措的社会和革命潜力相对较小，因为它既没有显著增强中产阶级的力量，也没有大力拉近他们与革命的联系。取缔贵族传统——比如没收不可转让的遗产和取消长子继承权，也不具备可与当时欧洲境况相提并论的重要意义，因为那些传统在殖民地本来就不受重视。相较之下，废除王室租赁利息还有一定的影响力。

美国革命的实际意义存在于其他层面。当"美国人"刚刚开始理解这场革命之时，它更多地是在思想而非行动上进行。这场革命不是要从压迫者那里脱身而出，而是为了摆脱那些游离于控制之外的强权力量。他们挣脱了枷锁，赢得了自治权和自己的身份地位。这也产生了巨大的动力，它对经济、社会和政治等各个领域都有影响。由此说来，这场革命不单单造就了一个国家；正如自那以后美国国玺上所表示的那样，它已成为一个"新的世界秩序"的开端，而这一新发轫的首个基本呈现方式就是《独立宣言》，它提出了对"生命、自由和追求幸福"这些"自然而然的真理"的普遍要求。这样一来，人类关系的整个构架就建立在一个全新的基础之上，个人价值与集体福祉之间的关系便重新得到调整。尽管集体福祉在未来的一个世纪仍在法律上起到决定作用，但是它对日常生活所有领域以及政治权力的组织也都产生了深远影响。

在《独立宣言》发布以前，围绕未来宪法秩序的讨论已经开始，并促成了面向政治参与和所代表的不同期望和要求。传播最广的，还是对拒绝英国模式所达成的共识。无论是国王还是贵族阶层都不参加选举辩论。精英阶层强烈呼吁，要限制类似英国曾出现的立法机关至高无上的权力，而中产阶级成员却敦促实行民众自主。只有在 1776 年的宾夕法尼亚，中产阶级才可能暂时战胜精英阶层，成功引入激进而民主化的宪法；这部宪法在 1793 年法国雅各宾派宪法之前颁布，它主张议院立法体系占主导地位，而作为执行机构的附属执法委员会从旁襄助。借助强制性授权，民众拥有法律内容制定和法律颁布方面的参政权，个人的权利和自由也被写进人权宣言。

从社会经济精英转化为革命精英的国家革命领导人对这部宪法的推出颇感震惊，阻止在其他州也采取类似的激进民主解决方法。在另外那些州，宪法模式的贯彻建立在严格执行孟德斯鸠三权分立的原则和基础之上，让三种各自独立的权力（立法、行政和司法）互相制约，来保证公民的权利和自由；可能还会补充以人权宣言，而 1776 年 6 月 12 日的弗吉尼亚州权利法案在很大程度上为此宣言提供了样本。

在 1776 年及其后的几年，随着各州宪法的颁布，一些全新的东西得以诞生。这些宪法中包括世界上最古老的一部，即 1780 年的马萨诸塞州宪法，直到今天还在沿用。有些理念立足于英国 1688—1689 年"光荣革命"的思想基础，以及政府受制于法律的相关设想，在这些理念的继续发展过程中，随着 1776 年英国殖民统治的解体，一个在形式上借鉴 1689 年 2 月 13 日英国《权利法案》的信念得以成功贯彻：起先是草拟一份宪法文件，但这部宪法并不是像在英国那样——后来可以被议会多数派任意左右，而是要成为其后各种立法的基础，由此获得"法上之法"的更高地位。这样一来，个人自由就能在遭受国家侵犯时得到永久维护，这一点还另外被写入了一份专门制定的人权目录。这些宪法就是人民自主的体现，这表现在人民自主要通过人民的立法权力来构建。

革命精英的宪法理念基础是制衡的思想，仅此一点就可以确保并维护自由。因此，人们是有意识地不把这些宪法视为类似 1776 年宾夕法尼亚宪法那样的民主产品，它们具有平衡的力量，可以制约占主导地位的、服从任意多数派的立法；此外，它们也经常偏向于间接选举的原则。在一般情况下，殖民地的选举法都与财产挂钩，这一情况不会发生实质性改变，因此所有的选举都会出现如下情形：虽然各州情况不同，但理论上都会有 20% 到 40% 的成年男性白人被排除在选举之外。事实上，这段时期各州参加选举者的比例远远低于这个 60% 到 80% 的界限。

州宪法标志着现代意义上的立宪主义的开始，再加上联邦宪法的补充，国际法意义上的美国就此形成。这起初是通过1777年制定、1781年生效的邦联条例确立，在此基础上，议会居于最高地位的松散邦联得以创造出来，在议会中每个州都有一个席位，通过决议必须要由9票组成的多数派表决同意。越来越多的批评者谴责邦联在战争结束后缺乏行动力，尽管它遣散了军队，并在很大程度上解决了债务问题。联邦最大的遗留工程是1787年6月的《西北条例》，在它成功敦促所有州放弃对阿巴拉契亚山对面的领土要求以后，该条例的出台将俄亥俄州北部领土划为5个部分。如果居民人口达到了现有州的最小数量，并且已经制订了一部共和国宪法的话，那么每一部分都要作为平等的州被纳入美国国土。这就是直到今天尚存的接收新联邦州加入美国的原则，迄今为止，最后一次使用是1959年接纳阿拉斯加州和夏威夷州。由此一来，不仅确立了国土西扩的原则，而且保证了各州平等，让州与州之间不至于出现高下之别。

通过这一决议之时，除罗德岛之外，其他12个州的55名代表已在费城召开全国代表大会，任务是商讨改善联邦法律条款的建议。在忽视罗德岛议席的情况下，这场以乔治·华盛顿为主席的代表大会秘密召开，它早就确定要为美国拟定一部新的宪法。1787年9月

17 日一致通过的宪法是各州妥协的结果，它完全接受了1776年的各项原则，比如权力分离、均势平衡、政府受限和自由保障，并把它们与联邦国家前所未有的理念结合起来。按照宪法规定，所有州都要保持自主性，只有在联邦履行扩大化任务的必要情况下，才能将相应的自主权移交给正在创建中的联邦，目的是整饬内部贸易，有效代表并保护一切对外事务，为此联邦需要自己的税收和兵力。为了达到这个目的，必须要有总统作为执法首脑身居最高职位；在不受制于他的情况下，建立一个立法机关。作为大小联邦州之间妥协的结果，应当建立由两个议院组成的国会：一个是每两年选举一次的众议院，每个州都会根据人口数选派代表参加；另一个是每六年选举一次的参议院，根据各州平等的原则组建而成，每州选派两名参议员。作为第三方权力，联邦司法体系确立，最高机关为联邦法院。联邦只对某些事务负责，其余所有事务仍归单个联邦州管辖，选举权也不例外。

宪法草案得到了一致认可，每个州都组建了批准委员会，意在决定宪法的通过或否决。他们举行了无数场演讲，起草了无数种方案，但对宪法做出最重要捍卫和阐释的，则是那85条条款，以化名"普布利乌斯"刊登在 1787 到 1788 年间的纽约各大报纸上，自此那些名为"联邦党"的条款成为政治思想的重要经典篇目。撰写者中有詹姆斯·麦迪逊，他比第二作者亚历山大·汉密尔顿贡献更大，成为宪法的精神之父；另外还有来自纽约的权威法学家约翰·杰伊，同时他也是联邦的国务卿，并于 1789—1795 年担任最高法院的首席大法官。即便无法确定"联邦党"为抗击在纽约风行的新宪法反对派做出了很大贡献，但事实是：1788 年 7 月 26 日，作为具有重要政治意义的联邦州中的第十一个也是最后一个，纽约以微弱的优势通过了宪法并让它得以生效。旧的邦联只剩下调节过渡的任务，同时确立总统选举的时间，并确定 1789 年 3 月 4 日为新国会的首次集会之日。

第三章
年轻的共和国
（1789—1825）

尽管美国首任总统非乔治·华盛顿莫属这一事实是显而易见的事，但本着党派平衡的精神，来自马萨诸塞的约翰·亚当斯被推选为副总统。除了组建新的宪法机构，国会的首批措施还包括发布了作为批准辩论条件的12条宪法附加条款，它们主要由詹姆斯·麦迪逊起草，其中有10条最后获得各联邦州四分之三的支持，并在1791年作为《权利修正案》成为宪法的一部分。

除了结构和框架上的设计，内容上的问题很快便成为政治辩论的核心。身为财政部长的亚历山大·汉密尔顿主张实行积极主动的联邦政策以促进工业、贸易和航运业发展，并推行由精英掌权的政治制度，在这方面他几乎毫不掩饰地表达了自己对英国及其政治机构的好感，而明显受到法国大革命影响的国务卿托马斯·杰斐逊则成为汉密尔顿最强劲的敌手。作为启蒙者、自由主义者和来自弗吉尼亚的乡绅，杰斐逊主张建立一个以农业为导向的美国，以自由、平等和品行端正的农场主为主体，对权力大、远离市民的中央政府表示不信任，两方表现出来的不仅仅是两类政府成员之间的争论。他们在华盛顿的第二个任期内又都卸职离任，更多的是出现了政治上的冲突，它最终导致两个政治派别产生，一方是拥护汉密尔顿和亚当斯的联邦党，另一方是今日的民主党前身的杰斐逊民主共和党。

围绕法国大革命的论争不仅推动了民主信念在美国的传播，而且对外交政治也有影响。从 1778 年起，两国最终通过友情和援助协定建立起了关系。然而，由于美国在对外政治上表现得很软弱，其贸易和经济利益仰仗英国，尤其是因为英国战舰在大西洋驻扎。1792 年再度当选总统的华盛顿不可能接受法国的援助，亚当斯的态度亦是如此。相比之下，更重要的似乎是要与英国和睦相处，尽管历史上美英之间发生过无数摩擦，就连 1794 年签订的、颇有争议的双边协定《杰伊条约》都无法消除。但是美国与法国联合的问题并没有因此得到解决。1796 年 9 月，华盛顿在其著名的、昭告美国的告别通告中强调，虽然美国跟所有国家进行贸易合作，但依然要从欧洲事务中抽身而出，因为美国的"真实政策是，避免与世界上的任何地区结成持久联盟"。鉴于当时各国的实际国力，这一孤立主义信条贯穿了美国外交政策两个世纪之久，尽管在今日美国支持者那里最终沦为骄傲自大的表现。

华盛顿的继任者约翰·亚当斯仍要面对法国大革命带来的问题。那些年，美国与法国的关系升级到公开战争的边缘，而在美国国内，1798 年颁布的《抵御外敌和骚乱法案》则对政治征候煽风点火。民主共和党谴责政府意欲借助这四项法案让政治反对派缄口不语，而保证自己享有与宪法相悖的权利。杰斐逊和麦迪逊撰写了两份立场声明——《肯塔基决议案》和《弗吉尼亚决议案》，它们激化了政治争端，因为接受声明的两个联邦州要求审查联邦法律是否与宪法相符，并在尽可能的情况下摈弃联邦法律。这样一来，有关单个州权利和联邦国家性质的根本问题就浮出水面，而宪法则让国家性质变得悬而未决，唯有通过内战方能找到明确的政治答案。1800 年的总统大选也为内政的缓和与重构添砖加瓦：在选举中杰斐逊战胜了亚当斯，由此看似预兆着 1776 年自由主义精神的重返，而杰斐逊成为在新的联邦首都华盛顿就职的首任总统，这可能也有着象征意义。

美国国内政治气候的改变具有重要意义，但在历任总统中，杰斐逊是首位不得不接受来自最高法院政治权力制约的总统。1803 年初，当时亚当斯任命的大法官约翰·马歇尔仍在职，他执掌最高法院已经 34 年，成为美国史上最重要的法律人物；他在马布里对抗麦迪逊的案件中宣布判决，由此法院确立了没有写入宪法中的、法官检查各项法律的原则，而在其中杰斐逊拥有巨大的权力。

在这一点上，此前杰斐逊还指责对宪法的阐释权限太大，但没过多久，他自己也默契地行使了这一权力。因为经济原因，美国对新奥尔良有着极大兴趣，想要长驱直入这个地方，把它用作阿巴拉契亚和密西西比河之间几乎整片领土的转运港口。当杰斐逊获悉，1801 年西班牙已经通过秘密条约将路易斯安那割让给法国，他就委托美国驻法大使在巴黎打探，询问法国是否愿意把新奥尔良周围的地区出售给美国。美法谈判在 1803 年5 月结束，结果是法国出售了密西西比河与得克萨斯北部落基山脉之间的广袤领土，让美国国土扩大了一倍。

出问题的并不是美国专员明显越权决定的折合 1500 万美金的售价，而是宪法具体规定的邦联权力中并无购置外国领土这一事实。在以城市和商业为中心的东北部，这样的说法已经开始盛行：在联邦内部，因为人们无视宪法，南部和西部的农业利益可能会占据上风。

在购买路易斯安那几个月前，杰斐逊建议进行一场考察，来探索北美洲以及通往太平洋的陆路，这就是 1803—1806 年的所谓"李维斯克拉克考察"；它不仅在科学上有着重要的意义，美国想象中的远西的真实轮廓也开始出现，一代又一代的美国人畅想起未来开始兴奋。

杰斐逊开始大受欢迎、深得人心，而 1804 年汉密尔顿则在一场决斗中丧生。在这之后，联邦党的迅速衰落几不可挡，于是杰斐逊毫不费力地再次当选为总统，又连任四年。然而，他的第二任期很快就被卷入拿破仑战争及其对贸易和航运影响的旋涡之中，因为在中立国航运权利被无视的情况下，美国商船一再成为英军进犯的牺牲品。美国的一切抗议都被置若罔闻，于是在 1806 年拒绝了大宗英国产品的进口。在这一措施同样无法奏效之后，杰斐逊看起来就只剩下诉诸全面贸易封锁这一手段了，其相关决议在 1807 年 12 月召开的国会大会上通过，旨在反击来自联邦党和主张东北部商业利益之人的激烈抗争。

封锁不仅引发了人们对内政的争吵不休，而且很快被证明有损经济利益，在对外政治上也是一败涂地。英国毫发未损，而美国经济则遭受重创，不管主要经由加拿大的走私贸易如何兴盛，可能也无法平衡这一损失。最后，在任职期间的最后时日，杰斐逊只剩下唯一选择——用禁止与英法开展贸易来替代封锁，直到英法两国尊重中立国的海运权利。

杰斐逊的继任者詹姆斯·麦迪逊同样来自弗吉尼亚，他在这一点上也继承了杰斐逊主义的政治遗产。当时美英关系并未得到改善，流言四起：英国想要支持印第安人部落，目的是阻止大湖区内的白人居民迁徙。这时美国国内有一股毫不掩饰的国家主义风潮传播开来，比之所谓的"战争鹰派"，主要来自南部和西部的国会代表越来越公开地主张与英国开战，借此同时占领加拿大和佛罗里达。在麦迪逊的批准下，国会不顾美国北部的抗争，于 1812 年 6 月 18 日对英宣战。1812 年的这场战争很快就被证实是一场军事灾难，尤其是因为在欧洲战争结束之后，英国可以投入更多的精力与美国作战。美军占领加拿大的尝试时遭遇惨败，最后还经历了在敌军挺进华盛顿之时临阵脱逃的奇耻大辱，其结果是，1814年8月，英军把包括白宫和国会大厦在内的美国首都大部分地区付之一炬。1814年12月24日，美英在遥远的比利时城市根特签署和平协议，规定一切照旧，双边问题延后解决。

和平协议的签订标志着战争在国际法意义上告终，但在内政上还远未结束。这场"麦迪逊先生的战争"由总统强加给这个南部和西部分别居住着奴隶主和农场主的国家，出于对战争的愤怒，从1814年12月以来，哈特福德大会召开，所有新英格兰州都派代表参加，大会采纳了1798年肯塔基和弗吉尼亚决议的法治国家学说，其目的在于，借助宪法的附加条款遏制尤其是南部在联邦内的影响，以赋予其他党派更重要的合法权利。南北隔离的危险由此开始。

然而，联邦党还没来得及在哈特福德通过决议，1815年1月8日，安德鲁·杰克逊率领的美国军队便在新奥尔良附近一举歼灭了英军。当时美国人尚未得知缔结和约的消息，他们为这个国家终于可以打赢一仗以及产生一位民族英雄而备受鼓舞。举国上下沉浸在一片与战争毫不相干的欢快之中，因此哈特福德决议就有了些许通敌叛国的味道，由此只是加速了联邦党的最终衰落。与后来 1820 年完全放弃参与竞选不同的是，这一党派仍然推选反对党候选人参加了 1816 年的大选：尽管如此，他在与来自弗吉尼亚的胜利者詹姆斯·门罗对垒之时，既不能获得所有新英格兰州的选票，也无法得到他所在的纽约州的支持。

鉴于一个国家层面上的反对党渐渐地淡出视野，门罗的八年总统执政期被人津津乐道为"国家亲善时期"。但也正是在这段时期，幅员日益扩大、人口继续西迁的美国如何凝聚起来的问题被提上议事日程。从马里兰州坎伯兰到弗吉尼亚州威灵的第一条国道已经修建起来，并继续向西延伸下去。然而联邦是否有权修路，这在宪法上还颇有争议。此外，修路是否就一定是解决美国基础设施问题的恰当方案，人们对此也存在着极大疑虑，特别是因为在大多数情况下，修建和维护道路的费用超过了它使用所带来的收入。

另外一个因素是，轮船运输的时代已经拉开了帷幕。水路运输看起来极具吸引力，这促成了 1817 年伊利运河的动工，目的是通过以下方式首次将大西洋海岸与阿巴拉契亚山对面的区域连接起来：按照规划，运河从奥尔巴尼附近的哈得逊河出发，沿着莫霍克延伸到布法罗，在尼加拉瓜瀑布上游流入伊利湖。运河的修建可算是巧夺天工之作，在 1825 年竣工之时，该计划的成功已是板上钉钉之事，如同纽约一跃成为大西洋沿岸的领头港口一样。没有其他城市拥有可以与纽约媲美的交通运输能力，能贯通阿巴拉契亚山对面的美国大后方陆地；美国后来修建的运河中，再也没有一条可以带来如此巨大的经济效益，当然主要原因在于，后来开凿运河已经要与正在兴起的铁路直接竞争。

一方面，联邦参与改善基础设施的权限在政治和宪法上并未得到澄清；另一方面，美国向西迁徙以及向外扩张的追求则从未间断。1818 年，美国成功地解决了几个与英国的争端，包括美国在纽芬兰河岸以及拉布拉多前方开展渔业的权利，尤其是确定了与加拿大之间的边界，即从苏必利尔湖开始，沿着雨湖的走向，直到伍兹湖，从那里沿着北纬 49 度延伸到落基山脉的主峰。谁也没有料到，这使得美国在后来的德卢斯附近拥有了巨大的铁矿石蕴藏。

但是美国已经把目光投放到更远的地方。美国人跟印第安人的矛盾冲突已经在南部边界引发了多次战争，安德鲁·杰克逊在战斗中已经树立了自己当机立断的好声名，而这并不总是首都的政客们所乐见的。频发的战争可能也部分影响了西班牙的政策，它在 1819 年表示愿意接受大洲之间的利益均衡：西班牙将佛罗里达割让给美国，美方承认了西班牙在墨西哥处于风雨飘摇之中的领土（包括得克萨斯在内）；西班牙方面还以北纬42度为北部边界，接受了美国一直扩展到太平洋的要求。五年后，美国与俄国约定，确立俄国势力范围的南部边界为太平洋海岸沿线北纬54度40分，而当时美国的国家领土实际上要扩展到太平洋，那么他们就只剩下与英国之间的俄勒冈问题还有待澄清。

在对外政治上，美国的扩张在另外一个领域亦可窥见。在美洲大陆上的西班牙领地，每一场独立战争都逐渐取得胜利，各个独立国家于是建立起来。在军事上，美国无力援助新的美洲国家。但是，西班牙有可能试图重新占领那些地方，或者另一欧洲国家可能入侵这一权力空白地带。这就促使门罗在1823年12月2日向国会发表声明，表示美洲大陆是一个独立的世界，不依赖欧洲的政治体制，任何再殖民或者干预的尝试都应被视为对这一半球和平与安全的危害，这跟美国没有插手欧洲事务是一个道理。这一声明以门罗主义的名义载入美国史册，它是美国自我意识增长的表现。整个19世纪，门罗主义都毫无政治意义。拉丁美洲的国家知道得一清二楚：如果说有什么能帮他们保持独立，那就是英国的战舰，而不是门罗的声明。

在很大程度上，美国的这种自我意识是这个年轻的共和国业已成立并且得以巩固这一事实的体现。尽管有着这样或那样的灾难警示，但这个国家并没有分崩离析、陷入混乱。相反的是，在革命中呈现的趋势开始实现，并引发了不断增强的政治和社会上的民主化开放，而不是僵化。尽管传统影响长期存在，但是国家精神以及对国家定位的自我认知还是被赋予了更浓厚的民主气息，即便并非所有地方的选举权限制都被取消——限制得以取消的稳固扎根的精英分子未能当权执政的地方，尤其是在西部的新联邦州。

1819年的经济危机也用自己的方式推动了美国的民主化；这场经济危机是对拿破仑战争后欧洲经济危机的延迟反应，它首先波及过去多年里对农产品的需求一直没有得到控制的西部，在此征兆下，一场疯狂的投机买卖开始。现在投机从内部开始崩溃，以至于诸多农民不能使用信贷，而东部的债权银行（主要是美国银行）则保持强硬的态度。只是"妖魔"这个词的传播太过容易，它吞噬了西部的农民及其家庭，但作为政治资本仍是有成效的。

1824年的选举看起来符合这一大环境的目的。弗吉尼亚无法推举一位门罗的继任者，于是在民主共和党人内部不和的情况下，很快出现了四位竞选者，结果没有一人达到选民代表委员会所要求的多数。得票最多的是来自田纳西州的安德鲁·杰克逊。但是按照宪法规定，众议院必须在三个所得票数最多的候选人之间进行选举，选举协商的结果是，约翰·亚当斯之子——来自马萨诸塞的约翰·昆西·亚当斯胜出。由此一来，东部海岸地区的精英再一次获胜。可后来杰克逊却一再强调，民众是被他的胜利蒙骗了。

第四章

向西扩张和南北矛盾加剧
（1819—1860）

  随着约翰·昆西·亚当斯的当选，以及来自肯塔基的亨利·克莱被任命为国务卿和暂定的总统后继者，美国的国家主义特征得到了增强，在国内表现为基础设施（所谓"美国体制"）的大幅扩建和印第安人迁往密西西比河以西领地这一政策的推行，对外则体现为内战前对上升的美国工业征收高额保护关税。就其本质来说，保护关税是来自纽约的马丁·范·布伦为反对亚当斯而设计出来的政治对抗的结果，其目的在于，帮助安德鲁·杰克逊在1828年的大选中最终取胜。由此也为更新政治体制中的决定过程奠定了基础，为的是从内部商议的宪法灰色地带中获取这些，并将它们置于民主运作、结构化的政党基础之上。

在明确的政治动员之下，后来自称为"民主党人"的杰克逊的追随者说服了亚当斯。杰克逊的总统执政期意味着"小人物时代"的开始，尤其是因为他的上任标志着总统首次并非是出身于一直以来在国家层面上起主导作用的东部滨海地区的精英，而是来自与阿巴拉契亚山脉相对的成立不久的联邦州，正如那些现在入驻华盛顿政治部门的员工一样。至于政治体制，一部分实际数目并不算多的人谴责它为毫不留情、偏向粗鄙不堪的人的政党"剥削制度"，杰克逊却为之辩护，称其为"必要的民主职务轮换"。尽管如此，杰克逊想要多方应付也绝非易事：他一方面要与已经确立的首都政治结构抗争，另一方面又要与不同地区的各种反对势力对峙，这其中经常会有在形成过程中的工人运动团体，他们在文化上受到英国的影响，已建立起第一批工会和政党。虽说困难重重，但杰克逊就性格和经历来说都不是轻易会被阻力吓退的人。1832 年，他的宿敌亨利·克莱想要颁布一份不合时宜的法案，旨在延长美国具有主权职能的特权的私人银行的特许状，借此阻碍他再一次当选，此时杰克逊以掷地有声的否决作出回击，拒绝执行这一措施，因为其目的会牺牲普通百姓的利益，而让有钱有势者越发锦上添花。

杰克逊对国会在银行问题上的抗议还未来得及贯彻，在南卡罗来纳，由仍然在任的约翰·卡德威尔·卡尔霍恩率领的反对声浪已经一波高过一波，反对者援引国家法治学说，力主单个联邦州的权利，要求有权宣告与其所在联邦州利益背道而驰的联邦法律无效。在这场"废除危机"中，具体涉及的是上文提过的 1828 年关税法，而南卡罗来纳将会对它的强制执行做出回应。然而，卡尔霍恩及其所在州的政要都过于冒险激进，南部再无别的州愿意效法。杰克逊也刚好得到所有州三分之二的选票，由此战胜克莱而再度当选，并决定采取强硬措施。他得到国会授权，在危机时刻可以动用武力来强制执行联邦法。同时，他也批准了一项关税上的让步措施。南卡罗来纳别无他法，只能心照不宣地进行政治退让。分离和内战的预演失败了，但单个州在联邦面前享有独特权利的原则在南方保留下来。

南方的特殊角色会继续成为对联邦的考验。美国的南方——位于宾夕法尼亚南部边界以南（梅森—迪克森线）和俄亥俄以南的地区，从开始以来就试着保持与北方州之间的特殊平衡，目的是维持南方与其"特殊体制"——奴隶制有着根本关联的独立性，因为这些奴隶对越来越向西扩展的棉花种植园来说是不可放弃的。

自那以后，经济史学家就为奴隶制有无经济意义的问题争论不休。即便承认有意义，也不是决定性的问题。南方种植园主中许多都是当时最富有的美国人，本来就完全能够"支付"自由的雇佣劳动。对于他们而言，奴隶制的意义在于政治层面以及文化层面。1860 年内战的前夜，黑奴数目近乎 400 万，这个庞大的群体被少数上层人士掌握在股掌之中，后者占所有奴隶主数量的 12%，而奴隶主又仅占南方所有人口的 3% 左右；另一方，占有奴隶的白人数量在持续下降，到 1860 年占所有白人人口的比例稍微略高于四分之一。正是这 3% 的人决定着南方政治，其卓越的政治社会地位构成蓄奴的源头。

对这些精英人士来说，奴隶制的继续存在与自身权力的保持直接相关。19 世纪上半叶，奴隶制在美国国内得以保留，因为同侪压力不断增加，越来越奇怪的道德理由出现了，这导致的后果之一是，在内战之前，整整 100 万白人离开了南方，而在 1787 年对宪法的妥协一直对北方起着作用。虽然各州在众议院享有的代表权以该州的人口数目来决定，但按照声名狼藉的五分之三附加条款的规定，除此之外，毫无权利的奴隶也被算进了本州人口。这也导致了北方一再出现谴责之声，认为南方政治权势过大。在这一规定下，即便北方在众议院持续增长的优势地位无法得到遏制，但至少在参议院各州都可以平权地选派两名代表。此外，至少到 1850 年，总统中的大多数人都是来自南方，最高法院成员亦是如此，这其中就有 1801 年以来上任的两位富有影响力的首席大法官——约翰·马歇尔和罗杰·布鲁克·托尼。由此一来，19 世纪上半叶，南方就对各个联邦机构产生了极大的影响力，以下事实便尴尬地发生了：1796 年，北方原有的七个州外加佛蒙特州一共是八个，而肯塔基和田纳西的加入让南方州的数目也增加到八个，由此实现了参议院各党派之间的均衡。随着更多的州被吸纳加入联邦，这一平衡维持不变，直到 1819 年密苏里州申请以蓄奴州的身份加入联邦。

一方面，密苏里州引入奴隶制不符合北方的政策，它只默许那些有棉花种植条件的州蓄奴。而由于气候原因，在密苏里州种植棉花是不可能的。另一方面，在密西西比河西部，南北之间既无明显的地理界线，迄今也没有一条得到政治上认可的边界。其讨论的结果是，1820 年达成了《密苏里妥协案》：密苏里作为蓄奴州被纳入联邦，但是北纬 36 度 30 分，亦即密苏里南部界线的纬度应该作为南北州的界限。为了平衡密苏里，将缅因从马萨诸塞州分离出来，并作为独立自由州并入联邦。按照规定，在未来的30年里，以这个妥协为基础的政治平衡应该保持下来，尽管这几十年发生了大规模的西部扩张。

这样一来，文化冲突就得以延缓。来自西北欧的新移民导致了北方人口迅速增长，并一再向西部扩张，那里的肥沃土地似乎让面向市场的农业生产成为命中注定之事。但因为缺乏身无长物的农业生产者，为了占据市场，强制性扩大生产就只能通过合理化、密集化和机械化来解决。同时，为了降低运输费用，大多数农产品必须尽可能快速地被加工出来。这两个要素不光为美国北方发展比欧洲迅速得多的现代农业资本主义奠定了基石，而且也为诸多以农业经济加工和供应为中心产业的农业城市打下了基础。另一方面，南方拥有越来越强大的棉花业，其种植完全不依赖于企业和城市，因为未经加工的棉花可以跟加工过的一样捆扎成团，走船运毫无问题。反正城市和工厂劳动终归对于建立了蓄奴制的西部有所损害，因此就完全没花气力在当地组织运输和加工上，这些工作交给相距遥远的曼彻斯特或其他地方的棉纺厂即可。

在北方，农业资本主义势不可挡地发展，工业化进程也发展迅速，对廉价土地和劳动力有着持续的需求；而南方则充斥着倒退的、伪贵族主义的前资本主义社会秩序，它建立在奴隶制基础之上，虽然富庶，但在经济上存在着多方面的依赖性。于是，南北矛盾看起来越来越不可避免。19世纪30年代正值所谓"市场革命"时期，美国农业资本主义开始焕发出全部活力，尤其是在南部最血腥的奴隶起义之一爆发的背景下，此时，由各地协会联合组织而成的"美国废奴协会"建立，所谓的"废奴运动"发展成为北方不断壮大的政治和道德力量，也就不足为怪了。

南方死不退让，而代表整个国家利益的联邦，一直无所作为。唯其如此才能解释以下现象：尽管美国始终图谋向西扩张，但美国国会以及作为杰克逊总统继任者的范布伦还是在1837年拒绝了（上一年从墨西哥分离出来、在美国的非官方支持下实现独立的）得克萨斯被并入美国联邦的申请。虽然得克萨斯的大部分居住者是从美国移入的农场主，但北方严格反对任何仅让南方蓄奴者受益的对国土面积的扩充。国会并无更多打算，而众议院几乎一致否决，拒绝将来哪怕只是处理涉及废奴问题的请愿。

1842 年，美英两国就几十年来一直悬而未决的问题以及缅因州的边界划定进行了平衡磋商，尽管范布伦对此做出了决定性的贡献，但他的总统任职并没有呈现出什么好征兆，各种原因中，于 1837 年开始的持续性经济危机是主要因素。这场危机让 1840 年的选举显得黯然无光，在选择中打败范布伦的是威廉·亨利·哈里逊，还有来自三十年代成立的辉格党的副总统候选人约翰·泰勒。但哈里逊仅在执政一个月后就溘然长逝，于是美国首次出现了一位副总统被提升到总统之位的情况。泰勒虽然在跟当选的总统地位完全平等的条件下贯彻了他的理念，但最后还是与所有党派闹翻；与此同时，这个国家的专注力越来越多地聚集到西部上来。不但"俄勒冈问题"，即北纬 42 度以北落基山脉和太平洋之间的领土归属问题没有得到澄清，得克萨斯的问题也尚未尘埃落定。在这种情况下，作为最后任期的举措之一，泰勒召集国会召开了一次特殊会议，于 1845 年 3 月 1 日发布了一个兼并得克萨斯的决议。鉴于英国插手得克萨斯事务的危险，外加扩张主义分子、杰克逊的支持者詹姆斯·诺克斯·波尔克当选，泰勒觉得自己被提拔为新总统是名正言顺的。至于墨西哥对兼并一事表现出来的威胁态度，他并没有特别重视。

在接下来的几个月里，美国推行了一条赤裸裸的扩张主义路线，其意识形态通过"天命论"这一关键词得以巩固。这个表达自从 1845 年夏广为流传，它发扬的精神，是"天命"授予美国任务，让这个国度跨越整个大洲，"为每年上涨的数百万人口的自由发展开疆辟土"。美国与墨西哥的矛盾被有意识地强化，其方式是美国派军一直挺进里奥格兰德河，从而进入墨西哥要求的领土，其目的是给波尔克制造机会，让他借助 1846 年 5 月 13 日几乎一致通过的国会决议向墨西哥宣战。几乎是在同一时间，英国表现出不愿支持墨西哥的态度，而是打算在北纬 49 度处划一条让步线，把它作为加拿大和美国从落基山脉到太平洋之间的国界，以此来调停"俄勒冈争端"，此时美国不但实现了国土延伸至太平洋的首次扩张，而且还做出了与墨西哥交战的初步重要决定。实际上，墨西哥这个国家也基本上无力对抗美国的陆军和海军力量；它不得不接受加利福尼亚被占领，以及美国军队进入本国首都。在 1848 年 2 月 2 日签订的和平条约中，墨西哥承认里奥格兰德为得克萨斯南部的边界，并被迫把希拉河以北和下加利福尼亚的所有领地割让给美国，而美国为此支付了 1500 万美金作为补偿。由此一来，在联邦成立不到 60 年后，美国领土在欧洲大革命伊始就已横亘整个大洲，并一直扩展到太平洋沿岸。仅在 1853 年，通过所谓的"加兹登购地"，美国的扩大化版图在现有规模上再一次得到些许拓展，为的是能把规划好的铁路线迁移到希拉河南边的南加利福尼亚。

战争与和平决议不单得到了美国人民的拥护。领土上的收益对于很多人来说还远远不够，很多南方人希望最好能立即吞并整个墨西哥，其原因是，尽管美国国土自 1845 年以来几乎成倍增长，但实际上，南方以及除得克萨斯以外的潜在新兴蓄奴州并未得到什么好处，尤其是因为众议院战争批准书的一项附加条款明确强调，所有从墨西哥割让而来的领地都不允许引入蓄奴制。从地缘政治意义上看，南方的形势已经变得非常棘手；而1848 年，成千上万的居民和冒险家涌入加利福尼亚淘金，次年该地区申请以自由州的身份加入联邦，这时候南方的形势就变得越发紧张了。南方第一次不需要对抗任何联邦州，这一点可能将来也不会发生变化。南方除了赞同 1850 年的妥协案，别无选择：加利福尼亚作为自由州被接纳进入联邦；剩下的那些从前是墨西哥领土的地区，其奴隶问题悬而未决，尽管大家都知道凭借现有原料无法在那些地方种植棉花；联邦首都华盛顿的奴隶贸易遭到禁止，还有一项禁止遣返逃亡奴隶的严苛法律出台。

温和派又一次大获成功，并拯救了整个联邦。但是，南方仍旧是少数派，因此两派的立场继续走向极端。对此起到实质性推动作用的是 1854 年臭名昭著的《堪萨斯—内布拉斯加法案》，其口号是"人民主权"，根据这一法案，将来西北部各州的人民应该自行决定是否允许蓄奴；法案由来自伊利诺伊的民主党参议员史蒂芬·阿诺德·道格拉斯提出，他想以此博得南方对他当选总统的支持，法案最终在国会得以通过。这样一来，不光是 1820 年的《密苏里妥协案》就此废除，且北方很多人都洞悉了协议是一场巨大的阴谋，其意图昭然若揭，就是要将蓄奴制扩大到整个美国。

后果是致命的。美国的多党体制，即政治决定过程中的最后一个跨党派机构坍塌。辉格党人完全没有融合进来，民主党内部分崩离析。这两个党派以及其他更小党派中有很多人反对蓄奴，他们接洽了今日"老大党"的前身——1854 年 7 月在密歇根建立的共和党，寻找新的政治据点，但作为一个反对奴隶制的党派，它有着纯粹的派别基础，在南方无人支持。

因政党状况出现的裂痕给这个国家打上了烙印，造成了 1856 年堪萨斯州奴隶制拥护者与反对者之间的流血冲突。在奴隶制的影响下，南方在道义上已经退化到什么地步，北方对此可谓心知肚明：当时南方联邦州的一位议员在堪萨斯州的国会辩论期间心血来潮地击毙了一位来自马萨诸塞的参议员，而按照荣誉惯例的规定，这对于南方来说是一起文明意义上的英雄之举。文化冲突已经再明显不过，即便 1856 年的大选结果再一次勉强掩盖了它。来自宾夕法尼亚的民主党人詹姆斯·布坎南获得了 14 个蓄奴州和 5 个自由州的支持，而共和党人和第三个党派则得到了 11 个自由州和 1 个蓄奴州的支持，党派矛盾开始蔓延到总统选举上来。

实际上，警钟在 1857 年方才敲响，那一年，一方面最高法院宣布了德雷德·斯科特案件的判决结果，案件涉及奴隶能否通过在自由州或者领地的居留获取自由的问题。最高法院法官坦尼（他本人也是来自马里兰州的蓄奴者）以大多数法院的名义宣布，黑人不是美国公民，因此不享有起诉权。另外他还宣称奴隶就是受到宪法特殊保护的财产，故而一切剥夺市民书面确认过的财产权利的法律都是无效的。这适用于密苏里妥协案，对1850 年的让步协议和 1854 年的《堪萨斯—内布拉斯加法案》也间接有效；因为即便对人民主权的呼吁更高，也不能废止对财产更高一级的保护。由此，坦尼就把符合蓄奴者利益的宪法共识弄得一团糟。引发更大政治后果的，则是南方各州政府肆无忌惮的尝试。他们在布坎南的支持下，意欲违背大多数人的意愿，把堪萨斯作为蓄奴州纳入联邦。后来，这一意图宣告失败，政府失去公信，不仅如此，它尤其是让民主党失去了在北方的政治根基，由此为共和党的胜利铺平了道路。

裂痕遍布整个社会，波及政党、教会、经济界以及普遍的价值观。有关文明行为、政治文化及其基本价值的观念，亦即何为公平公正，再也找不到任何共同点。暴力解决问题的基础已经奠定，只缺一个时机。约翰·布朗已经在堪萨斯与蓄奴者展开斗争，又在 1859 年 10 月 16 日与 21 名志士一起袭击了哈泊斯费里的弹药库，目的是发出在南方进行广泛奴隶起义的信号，但这时仍不具备时机。起义并未实现，相反布朗很快被罗伯特·爱德华·李率领的联邦军队逮捕，并以叛国罪带上法庭，后来很快被处以绞刑。

真正的时机来自 1860 年的总统选举。共和党派亚伯拉罕·林肯参加竞选，而分裂后的民主党推举了两名候选人：北方的史蒂芬·道格拉斯，南方的来自肯塔基的约翰·布雷肯里奇。作为唯一的一个跨派别政党，新的党派"联邦立宪党"现身，该党无足轻重，提名的是来自田纳西州的约翰·贝尔。于是，总统选举就成了一桩南北之间的竞争。林肯得到了北方所有 18 个州的选票，由此获得了选举人团中明显多数票的支持，道格拉斯只得到了密苏里州的支持，布雷肯里奇得到除弗吉尼亚、肯塔基和田纳西以外的所有南方州的支持，最后 3 个州则支持贝尔。一个反对奴隶制的党派由此胜出，其候选人林肯在 1858 年 6 月 16 日的选举演讲中说道："分裂之家不能持久。我相信我们的政府不能永远忍受一半被奴役一半自由的状况。我不期望联邦解散，我不期望房子坍塌，但我的确期望它停止分裂。它或者全部变成一种东西，或者全部变成另一种东西。"局势已经一分为二，现在意味着要么是联邦宣告终结，要么是奴隶制敲响丧钟。

第五章

内战和重建

（1861—1877）

　　林肯大选的胜利表明，联邦内部南方的权力在过去
10 年里已经溃烂到了什么程度。如果南方想要继续保
持独立的话，它现在就必须采取分离政策。因此，南方
没过多久就做出了回应。1860 年 12 月 20 日，南卡罗
来纳宣布退出联邦，跟"废奴危机"不同的是，一直到
1861 年 2 月 1 日，即在林肯 3 月 4 日上任之前，美国
南部诸州剩余的 6 个州开始纷纷效仿。短短几天以后，
这几个州的居民推选来自密西西比的杰斐逊·戴维斯为
美国南部邦联的临时总统。为平衡而做出的所有努力逐
渐式微至不可听闻，就连林肯那具有调解性的就职演说

也无济于事——演讲虽然从根本上否决了分裂的权利，但也对一切威胁则持保留态度，因此寻找一个摆脱僵局的出路就变得更为紧迫。林肯决定小试牛刀，目标是位于南卡罗来纳的查尔斯顿港口里的萨姆特堡及其小型驻防部队。如果南卡罗来纳允许通过联邦海军提供粮食补给的话，那就意味着可以让步；相反，如果它试图强力阻止这一补给并攻击要塞，就可能出现一场抗击这个国家合法政府的武装暴动。1861年4月12日，南卡罗来纳对萨姆特堡开火，由此拉开美国内战的序幕。

林肯号召7.5万名志愿军参战3个月，并对南方港口实施海域封锁。很快，南方对此做出了回应。5月20日，南方上部的4个州——弗吉尼亚、阿肯色、田纳西和北卡罗来纳也加入了美国南部邦联。但另外四个南部州及部分郡留在了联邦：特拉华、马里兰、肯塔基和密苏里，以及弗吉尼亚的西北部各郡——从1863年以来，它们以西弗吉尼亚这一独立州成为联邦的一部分。在这些处于联邦持续压力之下的边界州，总人口中的奴隶比例在1830到1860年间因为贩卖而持续下降，因此尽管广大民众对南部颇怀好感，但转向北方资本主义和个人主义市场经济的开端已经出现。

正如起先显示的一样，这是一场不平衡的战争。南方只需要坚守阵地，直到北方战斗得精疲力竭；但相反的是，为了维系联邦的存在，北方不得不占领南方。然而，大家期望中的速战速决并未出现，取而代之的是一场美国有史以来最激烈的浴血之战，其伤亡人数足有 100 万人，相当于该国所有其他战争中阵亡人数的总和，原因是多方面的：其一，这场内战是世界上的首次现代战争，物资投入高，机动性大（因为动用了铁路运输），武器技术先进（尤其使用了自动步枪——即著名的温彻斯特连发步枪，从而显著提高了其开火速度和命中准确度）；其二，交战双方都实现了大规模军队的动员；其三，长时间以来，北方的军事指挥权都掌握在没有能力的将军手中，而南方尽管在罗伯特·爱德华·李的率领下开展进攻，并运用了大多数情况下胜于北方的灵活战略技巧，但这些并不适用于南方的政治和军事目标。

这场战争不会轻松，这从 1861 年 7 月 21 日进行的第一次布尔渊战役便可以窥见，当时北方向弗吉尼亚的进军宣告失败。其结果是，北方在 1862 年及次年间把战争的战略重心转移到了田纳西，目的是以此处为起点，将邦联划分为小块，最后摧毁它们。首先计划沿着密西西比河下游发动一场军事突击，目的是把跨密西西比河地区从南方其他地区分裂出来。计划以田纳西东部为地点，发起一场直逼邦联核心地区的战役，对整场战争有着决定性作用。

为了挫败以上意图，南方试着将战争引到北方。1863年可谓是对战争具有决定作用的一年。虽然身为卓越统帅的罗伯特·李迄今没有在主要战役中败北——即便是在整场战争中最为激烈的安提塔姆会战（1862年9月17日）中，北方也没有胜出，但罗伯特·李却在决定性关头一败涂地。1863年7月1日，他跨越边界进入宾夕法尼亚，在葛底斯堡附近与强劲得多的北方军队对峙。3天后，南方军队有2.8万人阵亡（三分之一都是李的将士），不得不撤退到弗吉尼亚。把战争引向北方的计划由此失败，然而后果还不仅如此。显而易见，南方永远也不可能打赢这场战争。

在罗伯特·李不得不承认溃败的同一天，北方不但展示了人员和物资方面的决定性优势，而且出现了一个可以与罗伯特·李对抗的统帅——尤里西斯·辛普森·格兰特，后者在7月4日占领了具有战略决定意义的葛底斯堡，密西西比由此落入北方手中，联邦的首个战略目标得以实现。随着查塔努加的占领，兵力开始向田纳西东部集中，威廉·特库赛·谢尔曼从那里率领10万大军，于1864年9月2日向被北方控制的亚特兰大挺进。

谢尔曼并没有追赶南方州的军队，而是决定推移一条约200海里宽的沙漠行军路线，经过佐治亚进入海滨地区，目的是完全动摇南方部队的军心，并阻隔来自美国南部诸州的任何军事补给输往唯一还具有战略意义上的南方，目的是与在弗吉尼亚的格兰特军队汇合（谢尔曼率军1865年2月从萨凡纳一路向北），3月中旬抵达北方占领的北卡罗来纳地区。罗伯特·李绝望地试图扭转现状，但他的突围尝试未能成功，1865年4月9日，他不得不在弗吉尼亚的阿波马托克斯县府附近投降。几乎是在萨姆特堡打响第一枪之后4年的同一天，内战结束。

南方为什么战败？北方在人员和物资上的优势肯定是一个决定性因素。在不具备城市和工业基础设施的情况下，战争资源虽然被输送到了南方，但最终没有达到必需的规模。更具灾难性的是后备力量动员上的失败。在南方生活着400万以上的奴隶，但是白人无意解放他们，让他们全副武装地上阵御敌。相比之下，让奴隶站到白人奴隶主的一边来反抗自己的缺乏自由，这样的念头白人却觉得绝非荒谬。

军事上的失败成为道德上的创伤：在创伤中，人们原来一直视作真实的世界已然崩溃，因为人们不能也不愿另作他想；另一原因则是面对变得越来越无意义的战争，国内现存的同侪压力也已失去效力，还引发了人们以前从来不愿重视的小冲突。南方用导致了巨大通货膨胀的纸币来资助战争，同时被利用的还有税收。这两项对贫困白人的冲击尤甚，因为强制征召，不少人失去了家里唯一的马匹和唯一的男性劳动力。难怪他们很快就意识到，这是一场富人的战争。其结果是，大家越来越不忠诚。最后，尤其是贫困农村人口的物资供应形势急剧恶化，人们逃跑的情况时有发生，以至在1864年末，竟有一半士兵擅自逃离部队。1865年春，形势几成灾难：南方充满了矛盾。

南方失败的另一原因在于不能调动外国力量支援自己。北方封锁了南方州的港口，从1863年起就可预见到南方无法赢得战争，此时得到国际认可的希望就已然破灭，其原因不仅在南方政府方面，很大程度上也在于林肯。虽然他早些年跟众位领导人心有隔阂，但在政治上却是坚定不挠，对内毫不让步且颇有远见地领导了这场战争。鉴于战争的首要目标，即维持整个联邦，林肯在奴隶问题上保持了极大的退让，目的是不把"边界州"驱逐到南方阵营里去，尤其是因为他在1862年上半年认识到，用支付赔偿金的方式来解放奴隶的计划在南方并没有得到响应。1862年9月22日，林肯发布了临时的《解放黑人奴隶宣言》，这在后来成为 1863 年 1 月 1 日宣布的《解放黑人奴隶宣言》。尽管它最初的实际作用相对有限，但解放奴隶和对南方进行新的政治和社会改造由此已经成为战争目标。在战争期间的第二个重要宣言——1863 年 11 月 10 日的葛底斯堡演说中，林肯用更加通俗易懂的话语阐述了这些目标，谈及"让这个民有、民治、民享的政府永世长存"的义务。这两个宣言可能向欧洲发出了特别暗示，表明北方要为具有普遍性的道德价值观而战。

内战虽然结束了美国的奴隶制，但丝毫没有改变各种族之间的关系。与之相对的是，各州在联邦中的作用有了新的调整，尤其是因为自从《肯塔基—弗吉尼亚决议》在南方州实施以后的州法主义现在被正式废除。联邦至高无上的权力毫无异议地保持了下去。最终，因为出现了新的两党体制，政治态势也有了新的调整，民主党显然成为南方的党派，并因此成为少数党，直到富兰克林·D.罗斯福在内战结束 68 年后把它变成了新的多数党。最后一点是，内战还极大地提升了经济活力，并开发出新的经济动力，这直接体现为战后工业生产的迅速上升，但并不能因此就将它称为第二次美国工业革命。因为高度工业化领域内的很多现象，比如说跨州际铁路的修建在内战之前都已开始，而那些重要变化将来还会在即便没有内战也会发生的地方进行，也就是在北方。

随着内战结束，一个被称为"重建"的时代拉开了帷幕，这个词表达的意思不止是南方被摧毁的城市和铁路线的经济重建。具有更大决定意义的是社会要素，它不仅涵盖南方未来的社会秩序，还包含黑人在美国生活中的角色定位问题。然而这两点都意味着，必须共同努力重建的不是整个国家，而只是北方规划之下的南方。从这点来看，这场战争有别于19和20世纪的其他内战；相反，它跟1847年的瑞士内战相仿，两者都没有使领土发生变化。战争过后没有发生领土吞并，除弗吉尼亚这个特例以外，所有州战前的领土界限都原封不动。

根据1865年宪法的第13条修正案，黑人被免除了奴隶身份，尽管如此，按照北部以及南部白人的一般看法，黑人仍是一个附属种族，最多只能算作二等公民，不享有美国政治和社会生活中的平等权利。由此不但事先确定了各种族在美国的继续共居；在重建结束之前，与之相关的政治机构就已被打破。

因此，各种族之间的相互关系就决定了对重建的历史评价，以至于北方的政策在今天看来太过犹疑不决，过于从自身利益——大多是物质利益出发，充斥着太多的机会主义，也过分依附经济。

这里具体所指何事？这个国度在战后怎样才能再次统一？被隔离的州有着怎样的地位？隔离只是一个非法的步骤？而被隔离的州，正如总统倾向的理论，在宪法意义上始终是合众国的一部分？或者说这些州因为隔离而丧失了自己在合众国的地位，现在已经变成被占领的、必须重新规划的省份，而这一观点被国会的多数人接纳？这一政策又受制于哪一理论，而据此谁在原则上掌握行动权限？

1863 年 12 月，林肯颁布了《大赦和重建宣言》，宽宥所有对美国宪法宣誓、承认奴隶解放约束力的南方州公民。在一个被占领州，如果至少有 10% 的具有选举权的人做了这一点，他们就能指定一个新政府并借此重回联邦。1864 年，路易斯安那和阿肯色州在这一基础上组建了新的政府。但是国会拒绝采纳这一政策，根据激进共和党人少数派的言论，国会还谴责林肯僭越了它的权力，无视黑人的权限，且没有坚持黑人的选举权。

这场政治僵局的解决落到了安德鲁·约翰逊头上，在 1865 年 4 月 14 日林肯被谋杀后，安德鲁·约翰逊一夜之间成为总统，并试图延续林肯的调解政策。为此，约翰逊与国会以及共和党发生了争执，就执法和立法之间的关系而言，他将这个国度的政治制度引入了迄今以来最为深重的危机之中。

首先，激进的共和党人对入驻总统府的约翰逊表示欢迎，他是南方州政治家的代表，而这个群体在内战之前就已经抗击过旧派精英人士及其隔绝政策。但1865年5月底由约翰逊引入的调停政策遭到愈发激烈的抵制，主要原因是这一政策针对在南方各地迅速生效的所谓《黑人法典》无所作为，而该"法典"让昔日的奴隶受制于特殊规定和限制，并拒绝给予他们对白人而言理所应当的权利，包括不让黑人自由选择工作岗位，强迫他们进行劳动，为他们制定特殊的刑法，不准许他们在法庭上陈词等等。对于许多北方人来说，这不过是以新的名义继续实行旧的奴隶制规定。1865年秋，南方几个州推选旧联邦的知名代表进入国家和联邦各部门，此时共和党的大多数人已经忍无可忍。国会拒不给予南方州代表座席权，并召集了一个委员会，目的是确定允许南方州再次列席的新条件。

最后，与之相关的还有内战的结果问题。约翰逊想要尽可能迅速地重建除奴隶制和隔离以外的战前状况。国会大多数人认为建立一些最低保障是有必要的，以防止南方州旧派精英再次奴役黑人。这就要求增强联邦权力，以确保黑人得到公民权利上的最低保护。尤其是因为1865到1866年冬天发生了多次种族骚乱，其中的牺牲者实际上都是那些想借此团结起来的白人或黑人，这清楚地表明：如果联邦不承担起这方面的责任，其后果会很糟。

为了达到这一目的，有两项法律出台：其一是对出自战争时期的"自由民主"的延续，旨在为昔日的奴隶提供从教育到土地买卖再到求职上的帮助、支持和法律保障；其二是一项公民权利法，目的是废止"黑人法典"，让黑人也享有和白人一样的一切人身权和财产权。约翰逊试图阻止这两项法律的执行，然而徒劳无功，由此加深了他与国会之间的矛盾。此外他还表示，为了执行政策，他将坐上由右派共和党人和民主党人组建的新保守党的首席。

鉴于这一形势，共和党多数派通过了宪法的第14条修正案，目的是在宪法上强化联盟，给予所有公民相同的权利保护。由此首次引入了不依赖于单个联邦州而存在的美国国籍，以及为所有公民提供的"法律平等保护"原则，旨在彻底改变美国的宪法体系。显而易见的是，1866年11月国会选举的目的可能就是协调宪法修正案的建议，尤其是因为总统提议南方州采纳其抵制态度。尽管如此，共和党人还是在国会里得到了三分之二的多数票，于是由激进派来确定政治进程。

随着激进派的"重建政策"开始执行，南方被置于军事管理之下，在各州政府解体之后被划分为五个军事区。在军事监管下，新的宪法代表大会选出，有黑人参与进来，但剔除了昔日邦联的所有工作人员。各州重新加入联邦的前提条件是，该州拟定的法律必须得到包括黑人在内的大多数男性的首肯，同时接受第14条宪法修正案。然而，长期支持黑人的理念就此中止。

相反的是，约翰逊试图采取一切办法来实施他的政策，或者至少阻挠国会的政策。当他想要辞退政府中的最后一名激进派时，众议院以绝大多数票的优势在1868年2月24日做出决议，首次在参议院对总统提出渎职的弹劾。约翰逊离职必需的三分之二的多数票差了一票，不是因为他最后得到了大家的首肯，而是大家深信，因为政治原因将总统撤职，这可能会摧毁执法和立法之间的宪法平衡，而导致总统府成为政治多数派在立法方面的傀儡。尽管失败了，但激进派仍然实现了以下目标：约翰逊再也无法打乱他们的政策，而他们对政治的影响将会在约翰逊的后继者尤利西斯·辛普森·格兰特身上继续保持。

格兰特的政策腐败无能，它更有可能被激进分子所束缚。人们反倒应当谴责激进派，指责他们不够激进。南方社会秩序的新规划没有实现，对被解放的黑奴曾经承诺过所谓"四十英亩土地和一头驴"，但在任何地方都没有兑现；此外还许诺过反叛者的财产和国家领土会由黑人和贫穷的白人平分，这也同样成为空谈。重建南方经济的目标也没有实现，但在一般情况下，以下两个群体也没有能力来实现这个目标：一个是从北方涌入的、有时候特别不可靠的白人（投机者），另一个是南方一部分同样可疑的、试着参与进来的白人（无赖汉）。另外，联邦军队的力量也不足以与南方州旧派精英集团以及公开的白人军队抗衡。这引发的后果是，在南方州重新加入联邦后，各州大多数激进共和党政府迅速崩溃。

格兰特至少间接地促成了这一后果，他不受人欢迎，在政治上无甚能力，其最大的特点是对支持他的人忠心耿耿。他在八年任期内处处显出腐败，而他对此无所作为，甚至有时候试图保护有罪责的人免受法律制裁。

激进派的最后一大举措是在 1869 年颁布了宪法的第 15 条修正案，它以书面形式确认了黑人的选举权，但仍对女性关上大门。随后，在北方，为南方黑人积极奔走的努力也明显衰退，即便国会 1875 年颁布了一项公民权利法，但因为联邦的权力僭越，1883 年就已经被最高法院撤销，尤其是这期间，很多昔日的激进派从政治中抽身而出，原因是政界由于诸多不光彩之事而丧失信誉，并渐渐失去了公信力。由此一来，要求终止军事管理、回归自治的南方保守派越发能够获得支持。黑人和贫困白人的利益日益成为北方资本家和南方传统保守派精英的牺牲品。

在形式上，"重建"随着 1876 年的总统选举而结束。共和党人提名了俄亥俄州的州长拉瑟福德·伯查德·海斯，他在格兰特时期的丑闻中得以保全。为民主党人代言的则是纽约州的改革家州长塞缪尔·琼斯·蒂尔顿。他在民众大选中取胜，在选举人团里似乎也获得了多数票。但是，南卡罗来纳、佛罗里达和路易斯安那等最后一批南部联邦州仍由共和党人掌控，跟他们的选举结果一比，蒂尔顿的多数票就成问题了。在随之而来的危机中，共和党人与南方保守的民主党人最后达成一致：海斯当选为总统，作为对策，共和党人从南方撤离最后一批军队，而撤军的代价由黑人和贫困白人自己来承担。

第六章
上升为世界强国
（1877—1898）

　　尽管奴隶已经获得解放，但美国北方在私下的态度总是比南方更具种族主义色彩，在内战开始许久之前就已经实行了严格的种族隔离，鉴于 1873 年的经济危机几乎没有中断的势头，1877 年北方早已转向新的任务和问题。如果北方对待黑人的实际态度在南方也生根并得到最高法院判决的确认——最后，最高法院在 1896 年普莱西起诉弗格森的案件中将种族隔离提到了宪法原则的高度（隔离但是平等），至少可以期望北方对此表示抗议。这就导致南方出台了越来越多的他们所谓的《吉姆·克劳法》，隔离种族，歧视黑人，直至发展到美帝国主义有史以来系统化剥夺黑人选举权的顶点，而这时各种族之间的关系降到了奴隶解放以来的最低水平，尽管黑人及其领袖为此不遗余力地抗争奋斗。

与印第安原住民的关系同样如此，尽管美国白人对他们的政策从一开始就打上了排挤原则的烙印，它给印第安人指派各自重新定义的聚居区，让他们在那里不受白人"干扰"地生活。鉴于白人持续向西扩张，印第安人的聚居从未持续过多长时间，尤其是因为淘金者、冒险家和垦殖者无视印第安人的权利和文化。内战后的争斗由此最终发展成为常规的印第安人战争，尽管双方一再努力寻求和平，但战争仍然时断时续地从1865年持续到了1878年。战争的结果是，幸存的印第安人居住在空间逼仄、位置偏远的保留地上，而野牛在19世纪80年代初几乎绝迹。

在这以后，印第安人的生活及其昔日的丰富文化所剩无几，除了贫困和荒芜，就是被白人商业化了的民俗。1900年前后，在美国仍有整整20万印第安人，大多住在划定的保留地。这通常意味着穷困潦倒和对国家资助的依赖，酗酒和失业也成为越来越严重的问题。

就缘由来说，印第安人传统生活和文化的衰落跟白人迁居到西部不无关系。而西部并非像以前经常所说的那样，是东部社会和经济冲突的安全阀，是穷人、失业者和失败者的收容器，实际上，西部是一片主要吸引有进取心的实干家的土地，他们身处物价攀升、需求上涨的大好时代，期望来到这里快速挣钱致富。对西部聚居做出实质性推动贡献的是 1862 年的《公地放领法案》，它给予每人 160 英亩的土地，条件是只需交付 10 美金，承诺在这块土地上生活，并至少耕种 5 年。直至世纪之交，约 60 万户家庭（约 250 万人）利用了这一法案，这些人比那些淘金者和挤满芝加哥屠宰场的牧场主及其数百万头公牛更加推波助澜，致使这一时期所有西部领土（除俄克拉荷马、亚利桑那和新墨西哥之外）都被纳入了联邦范围。实行机械化，急剧提升产量，大肆扩充居住着数千万农场主(他们受制于严酷天气、地产抵押银行贷款和粮食世界市场价格)的耕地面积，通过上述方式，这一暴力化的迁移运动不但从根本上改变了美国农业经济，而且还改变了这个国度本身。1890 年的人口普查结果显示，彼时美洲大陆到处都有人居住。人口聚居地与尚无人烟的所谓"自由土地"之间的界线已有300 年之久，而且一直还在不断变动，按照普通的看法，这一"边界"直到现在，影响美国的生活及其不断更新和挑战的想法已不复存在。

跨州际铁路的修建在很大程度上引发了西部的迅速聚居及农业剥削。内战以后，第一批大型铁路公司发展起来，内战前所谓的运输革命给予了美国重工业决定性的推动作用。它把工农业生产地与消费市场和中心连接起来，由此巩固了企业，推进了煤炭运输、钢铁生产、农业的专业化和工业化，以及西部的加快发展和聚居。因为铁路被视为解决美国基础设施巨大问题以及由此带来的经济发展的重要手段，它们得到了政府和公众的大力支持，其主要方式是通过无息贷款和赠送土地。到1880年，光是在铁路修建上的投资就已达到45亿美元，其中国家提供了整整6亿美元，而一半来自各个州。政府几乎赠送出2亿英亩土地（无论如何，这个面积相当于比利时、英国和西班牙国土面积的总和，其中90%都在密西西比河以西），这从根本上减轻了铁路修建的重负。作为回报，铁路必须以特殊价格运送政府货物、军队和邮件。1865年，铁路线路已达到35000英里，到1900年延伸到整整31万公里（比包括俄国在内的欧洲的铁路线路总和还要长）。

　　此外，技术开发和发明也让美国日益成为技术进步的先驱。为了快速克服长远距离的压力，要求比竞争对手更加迅捷，这就引发了通信行业内部具有决定意义的创新，其影响波及打字机、电话、收银机、排字机甚至计算机以及其他工具。以托马斯·阿尔瓦·爱迪生为代表的发明家成为时代英雄：他们不是乖戾怪癖、与世隔绝的学者，而是日常生活的实际改善者，是社会进步和美式天才的化身。

这位美式天才代表的是对无限进步的信仰，而社会进步早就把内战这一国家灾难抛到了九霄云外。这个国度的自然资源看似取之不尽、用之不竭，其"黄金时代"则为银行和证券交易所注入活力，各种大企业也涌现出来。早在内战之前，大宗货物的批量生产即已开始，现在一再达到新的高度。无情的竞争压低了价格，经济危机将弱小企业逐出市场。企业自由发展的丛林法则不但促进了竞争，而且还加剧了垄断趋势的发展，并增强了旨在控制市场的企业巩固和联合。

这些趋势首先在铁路公司中可以窥见，主要是通过货运领域内的毁灭性价格战。卡特尔出现，对价格协商和市场控制的约束松动，这其中常伴随着可疑的方法和腐败等，以至于最后政府不得不出面介入，并在1872年终止了土地赠送政策。

首个托拉斯由约翰·戴维森·洛克菲勒在1882年建立，他通过发放份额券的方式，把这家美国最大的石油精炼公司的卡特尔集团改造成了标准石油信托公司托拉斯，由此掌握了这个国家九成的炼油产量。在这场横向联合之后，出现了纵向的加固发展：从原油的来源开始，到桶装生产和管道线，再到铁路运输线和自己的油轮，目的是控制从石油开采直到终端消费的整个过程。直到1911年，《谢尔曼反托拉斯法》的出台导致标准石油公司解体，它一直掌控着美国和世界诸多地区的整个石油业。

那是卡耐基、摩根、斯威夫特等强大工业巨头的时代，也是无限消费的时代，是大型商场和货运公司的时代。在那个时代还出现了首批连锁店，它们在"镀金时代"一再刷新了销售纪录。

1865年，美国的工业产量明显低于英国、德国和法国；到了1900年，它却比三国产量的总和还要高。这样的巨幅增长是如何实现的呢？起重要作用的是美国的国内市场，它已是当时世界上最大的互相关联的经济区，对外则在很大程度上受到保护关税的庇佑。拓展之中的市场和工作条件让国内外投资者的信心一再提升，他们提供了大宗资本。尽管技术进步让众多旧式行业式微，但也给其他行业提供了机会，并催生了新兴行业。所有联邦州政府都表示，乐意用提供资金、土地和其他资源的方式促进经济增长。政治稳定、对私有财产和自由竞争的信奉、对干预经济生活的强烈保留态度以及工作条件等因素都助长了工业化进程，而这一推动要比欧洲更为强烈。这是"工业首领"的"黄金时代"，而这些人的对手却称他们为"强盗式贵族"。

尽管这一进程的结果已经改变了整个国家，但工业化几乎集中在北方。1890 年，所有美国工业产量的85% 以上来自北方，而西部则更多的是原料供应地，南方虽然在几个领域内都取得了进步，但主要还是集中精力清除战争遗患。同年，整个南方的工业生产总值仅是纽约州的一半左右。从 1865 到 1914 年的 50 年间，美国的国民生产总值年增长率超过 4%。而在以前，从未出现过这样长的持续增长期。

正如当时一位工业家所描述的那样，很多人都想从这个富含宝藏的巨碗中分一杯羹，这就导致内战后人口数量激增——这个国度吸引了越来越多的移民。移民潮持续了近 300 年，直到美国人口在 1865 年达到 3500万；等到美国人口再达到下一个 3500 万，30 年就已经足够。不管这个人口数据如何鼓舞人心，这些移民并非总是受欢迎的。从 1865 到 1900 年，1350 万移民来到美国；在 1905 到 1914 年间，平均每年据说有 100 万人口涌入美国。从内战结束到19世纪末，90%的移民来自欧洲，但在1865年及以前，足有90%的移民来自德国、英国和爱尔兰。在19和20世纪之交，约四分之三的移民定期从奥匈帝国、意大利和俄国迁徙而来。相比此前大部分是新教徒的移民，现在迁来的主要是天主教徒和犹太教徒，他们因为语言、风俗、文化和宗教差异常被视为异类。然而，工业生产要求的恰好是那些廉价劳动力，工会却对他们采取不信任和抵触的态度，因为他们压低了工资。

在薪酬方面也有改善，在健康和教育领域亦是如此，但其工作时间长、强度高，因为安全标准低，有时也具有危险性。不但男性劳工如此，在越来越多的情况下，女性劳工和童工也是这样。19世纪末，每5个女性中就有一个参加工作，她们一般是年逾二八的未婚女子，从事的全是低端工种；而童工人数则在过去的30年里增加到180万，涨幅为130%。劳动歧视可谓是家常便饭：普遍现象是，在美国出生的劳工要比移民挣得多，新教教徒比天主教徒和犹太教徒收入高，白人则比黑人和亚洲人薪酬丰厚。女性的劳动所得只比男性的一半多一点，一旦涉及收入提高和条件改善，受益的首先是白人和在美国出生的新教徒。黑人处于边缘生存状态，干的是下等体力活。至于加利福尼亚的中国劳工以及后来到此的日本劳工，情况也大同小异。1879 年，加利福尼亚的劳工党通过决议，杜绝了中国人进入大企业；1882 年，国会发布禁令，规定原则上中国劳工一律不得迁入美国。

工会无力抵抗劳动歧视和工作条件。整个 19 世纪，工会成员数目从未逾越所有从业人数的 2%，从未达到所有产业工人数目的 10% 以上，尤其是对很多人而言，工会并非具有美国特色的组织，在政治上也是激进的。这样一来，所有来自产业工人、意在组建专业代表组织的努力都只能是艰难推进。最大的成果是 1881 年建立的"美国劳工党"，它是产业工人工会的联盟。1901 年，在任职数十年的主席塞缪尔·龚帕斯的领导下，劳工党仍然团结了美国专业工人的整整三分之一的人数，但并无社会改革目标。劳工党制定了温和的纲领，比起 1870 年建立的"劳动骑士团"还是更为成功。后者也对普通工人、女性和黑人敞开了大门，在 19 世纪 80 年代支持者无数，但很快又消失不见。

企业家和政府毫不妥协的镇压举动对上述结果起到了实质性的推动作用。1877 年，铁路行业发布了给工人降薪的通知，在军警与罢工者对峙时有 100 多人身亡。1880 到 1900 间，总共有 2.3 万人起来罢工，足有 660 万员工参加。最耸人听闻的事件发生在 1886 年 5 月，地点在芝加哥的秣市广场，警方打死了两名罢工者。在随后的抗议者集会中，有人抛掷了一枚炸弹，招致 7 人丧生；警方还向人群开枪，又导致 4 人毙命。抛掷炸弹者至今身份未明。然而，从那以后，很多美国人都要求与"劳工极端主义者"开展积极斗争。芝加哥警方逮捕了 8 名无政府主义者，在毫无证据的情况下，他们中的 4 人被强加上谋杀罪名绞死，原因是舆论认为，工人运动与无政府主义之间的关联是显而易见的。

19 世纪末，社会进步在很大范围内仍停滞不前，另一原因在于产业工人不能把自身力量与西方的农业抗议运动联合起来。运动中的一切尝试，包括货运价格、仓储费用、随意确定的消费者价格乃至从银行和投机者的依赖中解脱出来，实施软货币的通货膨胀政策，把工会作为盟友拉拢过来，这些在 80 年代一再失败的努力，在 1893 年开始的经济危机的背景下重新抬头。在这种情形下，1896 年，所有的社会改革希望都寄托在民主党身上，该党奉行的是西方普遍主义，推举威廉·詹宁斯·布赖恩为总统候选人——他因为在美国一个政党代表大会上做了一场著名演讲而获此殊荣。他秉承杰克逊的理念，反对推行"劫贫济富"的政策，即以牺牲为日常生计打拼的劳苦大众的利益为代价，而为富人锦上添花。1896年的这场选举成为"镀金时代"的政治巅峰，其中充斥着各种矛盾。这是一场竞争，一方是建立在民众不满基础之上的一团模糊的政治改革理念，另一方则包括成功人士和财阀，以及已经扎根、抗拒社会和政治显著变化的政党，其结果如下：710万人把选票投给了共和党人麦金莱，650万人支持布赖恩。后者在21个全部位于南部和西部的州大获全胜，而麦金莱则得到了位于北部和东部的22个州的支持。工业化的美国城镇战胜了落后的美国乡村。

对于这个咄咄逼人地向前迈进的美国来说，美洲早已太小。早在1854年，美国海军就强迫日本打开市场，把太平洋视为己有的呼声也越来越高。虽然美国1867年与夏威夷的贸易谈判失败，但仍然吞并了中途岛，并以700万美元左右的价格从俄国手里购得阿拉斯加。同年，拿破仑三世从墨西哥撤退，这被美国公众评价为美国在西半球势力上升的表现。

这一政策由后来继任的各位总统继续推行。格兰特在太平洋地区和加勒比推行的吞并政策虽然不成功，但是，夏威夷、古巴和波多黎各一直是美国兼并计划的心之所系。到当时为止，美国与上述地区以及墨西哥、圣多明各、英属西印度群岛、哥伦比亚签署了贸易合同，以便让这些地区为美国产品开放市场，并把它们与美国利益更紧密地连接起来。在这一发展过程中，体现出来的不光是一再向外扩张的美国经济日益上升的重要性。同时，还可窥见美国对"门罗主义"和《命运宣言》的理解已经上升到全球格局，对后者而言，东亚已不再是远东，而是越来越扩大为"远西"。美国国内蔓延的社会进化论思想也渗透进这些理念中，这一思想也体现在阿尔弗雷德·赛耶·马汉的理念之中——这位影响深远的理论家推崇海军力量的重要意义。

在接来下的几年，即使具体的兼并目标没有实现，但美国仍然一直谋求在拉美国家经济和政治地位的扩张，在 1895 到 1897 年间的委内瑞拉危机中，美国在大范围内成功地践行了它干预拉美事务、让国际社会尊重门罗主义的要求。美国对夏威夷的行动也同样随性：1893 年初，美国垦殖者在海军的支持下推翻了政府，与美国政府代表签署了兼并协议，但被参议院驳回。面对日本的威胁态势，加上与西班牙开战之故，新的形势看似就要出现，此时国会才在麦金莱的逼迫下，于 1898 年 7 月在一项共同决议中表达了兼并夏威夷的意愿，以便由此获得一个位于太平洋中央、通往中国的海上商务基地。翌年，在南太平洋建立基地的数十年夙愿也已实现，因为此时德国和美国已经达成了一致意见，同意瓜分萨摩亚群岛。

鉴于以往几十年的美国政策，诸多在往日已经开启的发展路线在 1898 年汇合起来，当时它们就已清楚地表明美国升级为世界强国，而这一时刻现在似乎已经来临。古巴和波多黎各是昔日横亘世界的西班牙殖民帝国的最后两个堡垒。然而，在 19 世纪 90 年代的发展进程中，因为本国暴动和西班牙的压迫措施，古巴的经济和政治局势变得越来越让人无法忍受。不单是美国的街头报纸，就连麦金莱也成为反抗所谓西班牙野蛮统治的人类保卫者。1898 年 1 月，西班牙军队在哈瓦那为反抗新的、温和的古巴自治政策揭竿而起，作为力量的展示，华盛顿派遣"缅因"号战舰开拔哈瓦那。但是，1898 年 2 月 15 日，"缅因"号战舰在哈瓦那港口出于直到今天都无法完全解释清楚的原因爆炸，此时要求开战的呼声日益强烈。1898 年 4 月 19 日，美国国会在一项共同决议中宣布古巴独立，并授权麦金莱动用陆军和海军力量，把西班牙人从古巴驱逐出去。同时在一条法律附加条款中确定，美国并无吞并古巴的意图。4 月 25 日，美国正式对西班牙宣战。于是，一场据说随后被国务卿约翰·海依称为"辉煌的小战争"爆发，但 113 天后即已结束，美国几乎没有做好直面这场战争的准备。自内战结束以后，跟对海军一样，美国对陆军也没倾注什么精力，其数目仅为 28000 人。但有 100 万名志愿者报名参加，他们中的大多数人完全不能迅速奔赴前线，武器装备和膳食供应也不充足，另外还有种族问题：美国参战军队的四分之一都是黑人，他们的投身对战争胜负起着决定作用。

战争还没进行到一周的时候，5 月 1 日，驻扎在香港的美国海军的亚洲中型舰队在马尼拉海湾摧毁了西班牙舰队。菲律宾由此对美国的军事行动敞开大门，但在有效范围内并无美国军队前来，以至于西班牙在菲律宾的投降一直拖到 8 月 13 日方才进行。在古巴，美国军队封锁了西班牙舰队，并于 6 月底发起进攻，战争进行了寥寥几周，在击沉西班牙舰队后就画上了句号，由此 8 月 12 日就能在白宫签署临时和平条约。美国获得了新的领土，也有新的责任加身：西班牙保证了古巴独立，并把波多黎各和关岛割让给美国。按照规定，菲律宾要暂时被兼并到美国领土之中，这就引发了美国国内大范围的抗议，并促成了 1898 年 11 月"反帝国主义同盟"的建立，同盟试图阻挠美国与西班牙订立合约，并试图挫败美国的吞并计划。然而，鉴于内部不统一，参议院仍在 1899 年 2 月批准了这一条约，由此美国成为一个殖民帝国，它也连带着所有相关问题，其后果之一就是 1898 到 1902 年的菲美战争。相反的是，波多黎各国民看起来愿意接受美国的统治，美国军队于是迅速撤退。该地区成为美国领土的一部分，其居民则在 1917 年获得了美国国籍。

但是美国并没有继续走欧洲殖民强国的传统路数，而是实行了最后也为欧洲接受的所谓"门户开放"政策，这尤其体现在对华政策方面。"门户开放"政策摈弃了表面统治和专属权利，取而代之的是，它立足于所有国家安全、畅通而平等地进入市场的原则。这是一项美国在没有回报的条件下从来不会自愿接受的政策，但它记录了美国在世界上的新兴权力。

第七章
改革及其反应
（1898—1932）

　　美国上升为世界强国后，也暴露了这个国家的矛盾，最后引发了一场实实在在的改革热潮。在美国历史长河中的这十几年间，这股得到广泛社会认可的热潮不断升温，最终改变了社会的基本氛围。与早期改革运动不同的是，20世纪前20年的"进步运动"相信国家必须在社会、经济和政治改革中发挥决定性作用；但是在某些方面跟"新政"的做法又有些类似，后者在完全不同的情形下进行，其目的也有了显著的变化。虽然"进步运动"涉及的是工业化的反面，以及经济权力集中到少数人手中带来的后果，但它绝不单是一场"民众"反对经济和自由经营的运动。"进步派"组成人员身份众多，有企业家、政治家、记者、社会改革家、科学家、知识分子，以及一批数不胜数、赫赫有名的理想主义者，比如托斯丹·凡勃伦、小奥利弗·温德尔·福尔摩斯、查尔斯·奥斯丁·毕尔德、威廉·詹姆斯、约翰·杜威、珍妮·亚当斯、赫尔伯特·克罗利、亨利·德马雷斯特·劳埃德、西奥多·德莱塞、林肯·斯蒂芬斯等等。他们没有固定的纲领，寻求的改革利益五花八门，经常自相矛盾，甚至本身就颇为可疑，不管是对已经取得的成果而言，还是对尚未完成的任务及先前的失败而论，这些利益都有其代表性。

所有"进步派"都想要削减资本主义的社会弊端，终止这一制度与政治的纠葛，却不想从极端或革命意义上改变社会经济秩序。至于首先在何处、以何种方式下手，大家都存有争议，于是，在众多未曾协商的单个措施中，州长罗伯特·拉福莱特引领的威斯康星多元改革很快脱颖而出。但为了从普遍意义上更坚定地满足公民的政治需求，选举法案的改革提到日程上来。为了确保公民对候选人及其推举提名施加较大影响，初选制被引入，这跟1913年宪法第17条修正案引入华盛顿联邦参议院的国民大选有着同样目的。这些选举的民主化措施对遏制政党及其机构的影响具有持续性作用。

　　1906年左右，一直以来看似孤立的地方性改革发展成为一场举国上下的运动，其象征性的标志是，拉福莱特移步到了华盛顿的参议院。对于很多人来说，西奥多·罗斯福的第二任期更为引人注目：从1901年9月以后，他就以总统身份推行所有前任从未实施过的积极主义政策，调解劳动争端，打碎"败坏的"、只沉湎于自身目标的托拉斯。1906年，一场致力于保护消费者、具有特殊象征性的改革运动被厄普顿·辛克莱的《屠场》唤醒。罗斯福还大力主张自然保护，但在种族问题上表现得较为保守。

　　罗斯福的继任者威廉·霍华德·塔夫脱继续推行这一政策，但投入的精力明显要少得多，其结果是罗斯福分裂了共和党，并于1912年再次担任总统。虽然罗斯福比塔夫脱获得更多选票，但共和党的分裂却让伍德罗·威尔逊领导下的民主党在选举中胜出；在威尔逊任职期间，因为政府在银行政策、经济控制、劳动立法和农场主支持等领域内采取了影响深远的措施，所以直到1916年，进步主义仍是美国政治的标志性特征。

　　尽管国家和单个联邦州采取了以上所有措施，但跟几十年前的农业平民主义不同的是，"进步运动"从根本上说还是发源于城市，因为在 1898 到 1917 年间发生翻天覆地变化的正是大城市。1900 年，3000 万美国人住在城市里，4600 万人住在乡村；20 年后，城市人口变为 5400 万，而农村人口变为 5200 万。在这 20 年中，整个国家人口增加了 3000 万，而这几乎只给美国城市带来了好处，其人口近乎翻了一番；美国乡村人口仅增长了整整 600 万，同时足足有 200 万人后来迁居到了各大城市，而足有 1700 万海外移民也移入到那里。

仅纽约一个城市在 1900 到 1920 年就增加了 220 万居民。新的居住区不断涌现，有意大利人和犹太人的，也有中国人、墨西哥人和黑人的，在这些年里，黑人开启了从南部乡村到北部大都市的"大迁徙"。以上所有群体都在寻找一个新的起点和更好的生活。但他们找到的，是那些很难跟上人民生活爆炸节奏的城市。他们住在乱七八糟的街区里的逼仄房间里，或是住在其他类似贫民窟的简陋地方——经常没有饮用水、排水装置和垃圾处理系统，或者没有足够的消防设施，遑论正规的学校和公园、充足的医疗和卫生条件。因此这些人口过密的移民区，其死亡率是全国平均值的两倍也就不足为怪。为了达到具体的治理目标，比方说从根本上改善大都市的生活条件，不仅必须打破政治大腕的权力机制，还要采取具体措施，来改善垃圾清理、街道保洁、牛奶监管、医疗计划和建筑规章。总体上，要通过建造公园、打造林荫道、建立街道照明系统和重建内城区来美化城市。

然而，不光是移民改变了城市生活，还有急剧增长的白领职员，他们最终占到了全国劳动人口的四分之一。这是一个新兴的、有着自我意识的中产阶层，位居出身于古老家族的传统精英和工业巨头之下，在政治和社会生活方面给城市打上了属于自己的烙印。跻身于这个群体的还有越来越多的女性，城市虽然为她们提供了接受更高教育的新机会，但也给她们带来了新的挫败，原因是女性挤入职场也要付出代价：1900 年每 12 段婚姻中就有一起离婚，到了 1920 年已经是每 9 对夫妻就有一对分道扬镳，此处亦可窥见当时道德观和价值观的改变。

作为对策，女性试着自己组织起来，为其政治权利而斗争。当时，女性的选举权只能在西部四个人烟稀少的联邦州得以推行。1917 年在纽约发生决定性的突破，翌年则在密歇根。最终，由于女性积极参与第一次世界大战，这引发国会在 1919 年颁布了宪法的第 19 条修正案，规定女性自 1920 年起享有选举权。

女性达到的目标，是黑人和儿童都无法企及的。事实上，这两个群体在很大程度上都没有权利，而是沦为经济剥削的牺牲品。他们位居社会等级的最底层，依赖于旁人关心他们命运、实施改善措施的尝试。就黑人来说，属于此列的有 1909 年自由派白人和黑人组建的"全国有色人种促进会"，该团体为种族平权以及宪法第 14 和第 15 条修正案的贯彻而战，达成了取消诸多歧视性法律的目标。但是，不管是这个团体，还是在这些年间建立的"全国城市联盟"与"美国公民自由联盟"都无法阻遏种族暴力、种族骚乱、私刑杀害以及 1915 年三 K 党①的复兴。

几十年来，诸如弗洛伦斯·凯利等积极进步人士提出"童年之权"的要求，为了反对剥削儿童而抗争，最终导致日益严苛的禁令和控制出台，童工劳作逐渐列入禁令。但这是一条漫漫长路，官方数据展现的也只是冰山一角。

儿童不可能实现的目标，有越来越多的成年人尝试着努力去实现，即通过组织和宣传来改变他们自己的命

---

① 三 K 党（Ku Klux Klan，缩写为 K.K.K.），是美国历史上和现在的一个奉行白人至上和歧视有色族裔主义运动的民间排外团体，也是美国种族主义的代表性组织，三 K 党是美国最悠久、最庞大的种族主义组织。

运。到 1920 年，"美国劳工联合会"组织起来的工人的比例增长到非农业劳动者的五分之一。除此以外，还有新的工会成立，它们关心最受歧视的劳工群体，做他们的传声筒，"国际妇女服装工人联合会"就是其中之一。这个团体在 1900 年由纽约纺织业的移民者建立，通过 1909 和 1911 年的成功罢工让自己受到关注。另一工会是 1905 年在芝加哥成立的"世界产业工人组织"，它是具有冒险精神的比尔·海伍德的"世界产业工人联盟"盟员，在鼎盛时期拥有 3 万名来自最底层劳工的成员。该团体为格林威治村的知识分子插上了想象的双翼，长期以来并不像政府假定的那般具有暴力倾向，但到了 1920 年，政府还是解散了这个组织。

鉴于国内政治和社会局势的发展伴随着社会矛盾激化，对于有些人而言，在形式上表现为"美国社会主义党"的社会主义就成了一个备选项；在尤金·维克托·德布斯的领导下，该党在 1912 和 1920 年的大选中分别得到了 90 万张左右的选票，约占所有选票的 6%。

尤其是许多地方性的社会改革方案，给"进步运动"定下了一个越来越受压制的道德主义基调。诸多改革者为社会秩序忧心忡忡，尝试着用法律来整饬公共道德。他们把赌场、游乐场、舞厅和影院视作有伤风化的场所，并向它们发起猛攻。抗击所谓"白色奴役"的常规运动针对的是纯洁无辜的乡村女孩，为的是警告她们提防城市的罪恶；1895 年成立的"反沙龙联盟"则不辞辛劳地警示国民注意酗酒与健康问题、家庭解体、虐待孩童、政治腐败以及歇业停工之间的关联。最后，在 1918 年第一次世界大战的背景下，"反沙龙联盟"颁布了宪法第 18 条修正案，禁止生产、销售和运输酒精饮料，由此完成了那个时代的最后一次社会改革。然而，很多改革者主张限制移民，对性犯罪者强制实行绝育，并支持种族主义和隔离主义，这也造成整个改革运动自相矛盾的印象。

以上所述中的很多现象在第一次世界大战期间就已存在，而鉴于美国新的世界霸权地位，这次大战也对美国政治产生了越来越深刻的影响。比方说在东亚，美国日益以维和部队的面貌出现，具体表现方式是在 1900 年带头参与镇压义和团运动以削弱中国，但与此同时又通过重申门户开放政策来强调对维持现状的兴趣。在美国受到日俄战争威胁之时，西奥多·罗斯福邀请日俄双方进行谈判，其结果是在 1905 年 9 月签署了《日俄和平条约》。这样一来，美国就成为日本扩张主义在东亚的最强劲敌手。1908 年，美国舰队对日本发起了一场大规模的访问，由此坚定地强调了自己的这一地位。面对中国，塔夫脱也实行了一项后来很快被称为"美元外交"的政策，这导致最后打上美国烙印的世界秩序有了更为清晰的面貌。

美国在外交上贯彻自身利益，这在其拉丁美洲政策上表现得更为露骨。通过 1901 年的所谓《普拉特修正案》，古巴实际上就变成了美国的保护国。按照规定，加勒比海岛既不被允许跟另一国订立损害该岛独立性的合约，也不能接受超出其财政能力的国外贷款。这样一来，美国实际上就拥有了干预插手的权力，并在 1906 到 1909 年重新占领了 1902 年刚刚放手的古巴；1912 年美国再次占领古巴，并建立了此后一直把持、经过扩充的海军基地关塔那摩，尽管声名狼藉的《普拉特修正案》在 1934 年已经废止。

长期以来，美国一直有兴趣在中美洲开掘一条运河，这不仅是在战略上的考虑，也有商业因素包含其中，按计划，运河要么流经巴拿马，要么是尼加拉瓜。最终，美国参照业已失败的法国计划，选择了巴拿马这一方案；但是在 1903 年 8 月，哥伦比亚参议院否决了已经达成一致的政府协定。

哥伦比亚敢为了自身利益而违抗美国，这激怒了罗斯福。他下定决心要建造运河，于是找到了一些愿意在巴拿马策划一场"革命"的中间人，并按照计划在 1903 年 11 月 3 日策动了这场"革命"，导致那个省份与哥伦比亚分道扬镳。美国很快就承认了这个新的国家，并与之签署了一份运河协定。在相应的准备和持续多年的修建之后，运河在 1914 年 8 月 15 日开放。直到 1921 年，鉴于抵达运河区的方法令人质疑，国会才表示愿意向哥伦比亚支付 2500 万美元的赔偿。尽管如此，跟其他措施一起，罗斯福对待半球国家的"大棒"原则和干预主义政策在 1904 年作为合法要求被写进了门罗主义的附加条款——臭名昭著的"罗斯福推论"中，长久地损害了美国与拉丁美洲的关系。罗斯福的继任者也秉承这一维护美国利益的原则，一再对加勒比海和中美洲国家进行军事干预。

与干预主义政策形成鲜明对比的，是美国对待 1914 年 8 月 1 日在欧洲爆发的第一次世界大战的态度：面对这场战争，威尔逊立即发布了中立声明；但随着时间的推移，美国的态度发生了变化。与英法根深蒂固的情感维系、强烈的经济兴趣、酝酿之中的美式和平图景以及德国对中立权的持续破坏，这些因素最终导致美国在 1917 年 4 月站到同盟国一方，卷入了战争。1915 年

5月7日发生的德国潜水艇战争导致"路西塔尼亚"号客船沉没，致使包括128名美国人在内的整整1200人丧生，这场战争在内的外部事件导致舆论越发转向协约国一边，而美国的经济发展及国内福利的很大一部分都与协约国的命运相连。到1917年4月，美国向协约国提供了价值23亿美元的贷款，却只给了德国2700万美元。尽管如此，当美国在1917年4月6日正式参战之时，它在军事上几乎没有准备。美国常规军队由12万人组成，而弹药只够战斗两天。在十万火急之下，美国引入了普遍兵役制，截至1918年11月，几乎有300万士兵参与进来。他们参加了在法国的战斗，而据说这有着决定性的意义。美国采取了影响深远的措施，让经济生产面向战争需求进行。属于此类措施的还有一系列国家干预和控制，主要是通过伯纳德·巴鲁克领导的战争工业委员会和赫伯特·胡佛的食品管理委员会付诸实施。这些措施导致国家对经济的监管达到了前所未有的规模，虽然监管在战后迅速消失，但在"新政"时期再次被人记起。

1918年元月，威尔逊向国会做了一场包含14个要点的演讲，涉及美国的战争目标，包括奥匈帝国和奥斯曼帝国人民的自治权、殖民争端自治权，以及其憧憬的美式和平的基本要素：自由航运、低关税限制、军备控制、不签订秘密条约、国家之间建立普遍联系。但是在 1919 年 1 月 18 日开幕的凡尔赛和会上，威尔逊无法大力贯彻他对民主和自治所抱有的理想主义。最后他采取了一项在德国滋生了复出主义的政策，此外他宣称并不打算跟布尔什维克主义的苏俄澄清问题。在那里，美国军队试着阻止战争物资落入德军之手，但事实上，到 1920 年 4 月，美国一直站在反革命的一方，与布尔什维克作战。

1919 年 7 月，威尔逊回到美国，向参议院提交了《凡尔赛和约》，并提交建立国际联盟的计划请求批准，此时国内形势已经发生了根本性的变化。在这期间，共和党再次掌控了国会。更严重的是，1919 年 9 月，威尔逊政府因为精疲力竭而垮台。他无力控制参议院里的氛围，也无法寻求妥协之路。1919 年 11 月 19 日，参议院拒绝了《凡尔赛和约》，否决美国加入国际联盟。

尽管 1921 到 1922 年的华盛顿会议订立了限制重要国家海军战舰的协定，美国成为 1928 年《白里安—凯洛格非战公约》中的最终 60 个签字国之一，但它还是退出了战后秩序的政治构建，以至于后来人称"美国孤立主义"。而与之相对的是，美国事实上已经上升为世界最大的债权国。1922 年，据参议院统计，美国发放给外国的外债总额达到 220 亿美元，而英法则是美国最大的债务国。尽管欧洲国民经济困难重重，但美国仍坚持要求英法偿还债务。鉴于这个要求最后被免除，美国积极参与到制定德国支付战败赔款金的政策之中。由此，美国让欧洲在国民经济和金融市场上依赖自己，加强了自身地位，尤其是通过高关税门槛阻止外国商品进入本国市场，同时在国外开展大规模投资，借此在全世界虎视眈眈地谋求自身经济利益。因此，在 20 世纪 20 年代，美国政府无意在国际上扮演与其经济和军事实力相符的建设性角色；美国不仅错失了自身的诸多目标，最后还对自己在本国以外地区的实际力量和介入意愿心存幻想，认为自己可以不负责。但结果很快显示，这样一种政策即便是在美国国内也是有破坏性的。尽管寥寥几年后美国的经济再攀新高，私人消费也取得新的突破，但是日益上升的工农业生产不断提升新的超负荷生产能力，并要求提供越来越多的贷款，由此造成生产与消费之间的差异日益扩大。最后，尤其是在农业领域，出现了第一拨冲击抵押银行的价格跌落，1929 年 10 月 24 日和 29 日，纽约股票交易所崩盘。

同时，为 20 世纪 20 年代基本经济氛围打上烙印的，还有明显面向商界的政策。1920 年，保守的共和党人把来自俄亥俄州的沃伦·加梅利尔·哈定提名为他们的总统候选人，以助他入主白宫，但他的无能致使腐败丛生，这唤醒了人们对格兰特最糟糕的回忆。然而，"回归正常"的愿望让人忽视了很多东西。哈定去世后，柯立芝在 1923 年 8 月晋升，并于次年正式成为总统。柯立芝用一句易懂好记的措辞表达出他的基本信念："美国事务就是面临的事务。"以下措施都符合以上原则：让有利于本地工业的保护关税政策达到新高，下调所得税的最高费率，最高法院通过决议反对一系列比方说有关儿童和女性工作的进步改革措施，拒绝为贫困的农场工人和密西西比河洪灾的受害者提供援助。

放宽的消费决定着社会价值和标准。一种新的大众文化取代了传统的生活方式，去超市和业余时间成为新的考量和评价标准。许多过时的生活形式消失不见，而是被新生事物取代；尽管如此，居住在绿化好的城市（郊区）仍成为正在上升和发展的中产阶层的目标，新媒体（收音机、电影院、读书俱乐部和大众报刊）促进了新型大众文化的标准化，大众文化折射出普通美国人的恐惧和不安，但也有期望和想象的一面，这正像首次跨大西洋飞行英雄查尔斯·奥古斯都·林德伯格用特殊方式表现出来的那样，而相比之下，其他美国人在这些现代化的发展中只能瞥见不断式微的征兆。

在"咆哮的 20 年代"，传统美国模式的代表一再发誓，声称会出现富裕过剩与大喜若狂的危险。在第一次世界大战强烈爱国主义浪潮的影响下，他们对美国发起了影响深远的进攻。按照他们的理念，美国应再度成为一个聚集志同道合之人的国度，其人民也有着同质的文化。1921 年，国会将每年的移民人数限制为 35 万，1924 年则引入了一种严格的配额制，它规定合法移民数目不仅要控制在每年 16.4 万，而且每年来自各个国家的人口不应超过 1890 年来自原生国的美国人的 2%。该法律实质上显然针对的是 1890 年以后方才开始的来自南欧和东欧的"新"移民运动，并反对被全然禁止的中国和日本的移民运动。按照柯立芝的说法，美国应该保留其国家原生风范。1915 年，三 K 党的再次建立标志着本土主义的进一步探头，以及对所谓"非美国化"的抵御出现。20 世纪 20 年代中期，三 K 党拥有整整500 万成员。该党派的势力在南部、中部和偏远的西部尤为强大，尤其是在土生土长的美国新教徒比例占据主导地位的城市，他们大多出身于工人阶层，但也不乏职员和小生意人。三 K 党要求美国国内的种族、道德和宗教净化，这尤其是针对那样一类美国人：他们所受教育水平低下，宗教观念根深蒂固，经济上捉襟见肘，因为快速的社会和道德变迁而不知所措。在取得一系列惊人的政治成果后，到了 1925 年，三 K 党在经历了印第安纳州骇人听闻的揭秘以后，像空中楼阁一样坍塌解体。

传统的美国新教把现代自然科学视为对已经深入人心的宗教的直接攻击，而当时的社会和道德变迁在很大程度上动摇了这一教义。原教旨主义者在这场争斗中进行了公然的表达，美国的乡村与城市斗争进行了一场，而 1925 年田纳西州臭名昭著的"猿猴诉讼案"则成为描述这场斗争的最轰动的事件。这个案子跟田纳西州公立学校对达尔文进化论的禁令有关，两位代表人物在一场大型媒体辩论中对垒，一方是来自芝加哥的克莱伦斯·丹诺——也是该州最著名的刑事诉讼辩护律师，另一方是来自内布拉斯加州的威廉·詹宁斯·布莱恩。对于丹诺而言，诋毁布莱恩并摈弃他本人及其全套可笑的假仁假义，可谓容易之事。

在 20 世纪 20 年代的美国，传统主义者取得了一个极度让人怀疑的胜利，那就是两位意大利人——尼古拉·萨科和巴尔托洛梅奥·范塞蒂的案例。他们在一起劫杀案之后被捕，1921 年被判死刑，这不是因为他们被证明有罪（直到今天，对他们是否犯下罪行都还尚存争议），而是因为他们是来自意大利的移民，且是知名的无政府主义者。尽管美国自由派人士积极抗议，但这两位意大利移民还是在几年后被处死。对于很多人而言，这件事成为美国社会传统派与现代派拉开深邃鸿沟的标志。这一鸿沟也体现在有关禁酒的争论之中，它将这个国度的居民分裂为"赞成禁酒派"（大多是原生美国新教徒）和"反对禁酒派"（自由主义者、知识分子和大城市移民）。一部分人作为必要的社会改革措施来捍卫的事物，另一部分人抨击为伪善的道德主义。几乎没有哪场总统选举像1928年的那场一样，让美国社会的价值冲突如此显露无遗。与1924年不同的是，民主党这次提名了阿尔·史密斯，他曾连任四届纽约州长，是天主教徒，来自爱尔兰，属于"反对禁酒派"，主张建立社会福利国家和保障公民权利，是现代的、城镇化的和多民族美国形象的代表。他的对手是来自爱荷华州的赫伯特·胡佛，后者是新教徒，属于"赞成禁酒派"，是富有才华的"白手起家者"，也是成功的矿业工程师，但对于很多人来说是传统美国的代表。选举竞争的中心议题是饮酒、宗教与经济繁荣，共和党人可以让人信服地证明，胡佛代表的是更高的道德价值、美国的个人主义观念和勤勉工作的态度，他的大选取胜将会带来抗击贫困斗争的最终胜利，并让国内工业生产再度兴盛起来。胡佛以绝对的优势赢得了大选。但他也只任职了半年，其时他的总统职位已被世界经济危机遮盖住了光芒。因为过去多年的投机热没有得到控制，使得这场危机引发了美国历史上最深重、最持久的经济衰退。股票和物价跌入无尽头的深渊，很快失业率又攀升到 20% 以上。为了抗击这一发展态势，胡佛唯一能做的就是相信经济的自我愈合力量。然而，因为他做出的政治回答犹疑不决，所以无法避免国内人们愈演愈烈的不满和抗议。尽管如此，胡佛仍以共和党的候选人身份进入了 1932 年的大选。

第八章
美国和世界的新建
（1933—1945）

民主党 1932 年克服"大萧条"的方案，跟共和党的相比，开始只是有着非本质的区别，但是当富兰克林·德拉诺·罗斯福发话接受提名、主张"为美国人民重新洗牌"之时，大选竞争就有了它的口号。罗斯福最后取胜——并且大获全胜，因为他看起来更可信，并传递出一种能够驾驭艰难命运的感觉。他的取胜同时也意味着，居住着大量横遭严重歧视的少数种族的美国城市战胜了美国乡村。

最初的"百日"是迄今还未知的且令人困惑的法律诉讼，包括实行严格的银行监管，开展保护自然遗产的项目，修建国家公园、堤坝、桥梁和各种机构，为个人房屋或农场的维护提供信贷，在地方层面的桥接措施，实行能源获取计划，以及改善贫困地区的经济结构。

《农业调整法案》和《全国工业复兴法》是最重要的，美国计划借此遏制农业上的超量生产，阻遏价格进一步下跌，削减工业生产目标，同时遵循公平竞争的规则，并监督已经确立的工资制度和工作条件。此外，首次在国家层面上承认了工会的合法性，这样企业家就不能歧视工会成员，工人有了加入工会的权利，而工会又可以为其成员协商劳工合同。

在首个"百日"里，并没有互相关联的计划出台，有时候毋宁说措施引发了不良后果。但是采取这些措施的目的是要开始崭新的环境，并清楚地表示：只要行动起来向前看，情况就会呈现上升之势，就可以掌握工人的命运和未来；要人们排除漠不关心和对未来恐惧的情绪，让兴奋与活力充满举国上下。

总的来说，这是一项对待企业家颇为友善的政策；只需要修正经济体制最丑恶的弊端，而不是质疑体制本身，也不是从根本上改头换面。实际上，作为"百日"的结果，1933年夏经济复苏出现了，但这被证明是昙花一现。翌年，经济情况大多时候也呈现出不妙之状，新政成为众矢之的。在人们的越发不满之中，也混杂了越来越多的声音，大家认为整个《全国工业复兴法》有悖宪法——1935 年 5 月最高法院一致拥护的宪法。几乎没有一个"新政"拥护者对这个看法感到哀伤，因为《全国工业复兴法》对经济复兴的贡献极小。

"新政"看上去在农业界更为成功，因为在 1933 到 1937 年间，农民的收入上涨了 50%。但是无土地者、流动工人和佃农越来越受工厂关闭的影响。天气看上去也在跟他们作对：夏天炎热干燥，导致从达科塔州到得克萨斯州出现毁灭性越来越大的沙尘暴。很多流动农民（尽管他们早已不是全部来自俄克拉荷马州）放弃了农业劳动，搬到了城市里或者迁移到西部，成为 20 世纪 30 年代美国农业人口贫困命运的标志。

尽管如此，新政和罗斯福仍然得到多数人的拥护，以至于民主党能在 1934 年 11 月的各场大选中扩大它在国会里的席位。从保守派到前法西斯主义派（查理斯·爱德华·考夫林神父），来自他们的激烈批评从未停止，不绝于耳的批评在左派那里也能听到，还有路易斯安那州前州长休伊·朗这样的光鲜人物及其继任者也发出了批评之声。

面对以上批评者部分深奥难解、部分乌托邦式的社会改革理念，已经开始展望 1936 年总统大选的罗斯福做出了回应，其方式是采取积极主义和一整套自那以后被人称为第二次"新政"的措施。早在 1935 年元月，他就已经宣布要进行大刀阔斧的社会改革。借助各种各样的措施，包括最深入人心的"公共事业振兴署"，国家为数百万人提供了直接支持，并动用数十亿美元资助举国上下的公共设施建设，同时遵照约翰·梅纳德·凯恩斯的学说，让急剧增长的国家外债为此提供经费支持。

同样地，按照罗斯福的想法，小农户和佃农同样也需要帮助，随着 1935 年 7 月《国家劳工关系法》的出台，雇员权利和工会权利都得到了明显改善。更为重要、影响更甚的是 1935 年的《社会保障法》，它吸收了德国和英国的社会国家理念，并引入了养老、工伤事故和失业保险，以及其他支持措施。最后，法案还加强了银行监管，并提升了高收入税收比率以及企业税。

带着这些社会改革措施，罗斯福参加了 1936 年的选举，这成为美国总统自 1820 年以来取得的最大胜利。61% 的选票都投给了罗斯福，他的共和党候选人对手阿尔弗雷德·兰登获得了 36% 的选票。在选举人团中，罗斯福得到了除缅因州和佛蒙特州以外所有州的选票，赞成票与反对票之比是 523∶8。

对于新政的所有反对者来说，要从法律上推翻他们政治上无法阻遏的东西，最后的希望只能寄托在最高法院上面。保守派这一希望的正当性看起来不无问题，即便九位法官中有四位是新政的坚定反对者，而法庭成员总体来说年龄都偏大。尽管如此，1936年田纳西河流域管理局还是让它变成了现实，而对于1937年春的经济萧条问题来说，《国家劳工关系法》和《社会保障法》则经受了检验，法庭也否决了这两项法案违背宪法的部分。

罗斯福不再坐等那两项决定，1937年2月，他突然让人给国会递交了一份重新调整最高法院的法律草案：鉴于法院工作负荷重，总统应该有权为最高法院每一位年逾古稀的法官配备一名助理人员（其总数不超过六位）。很快，一场有关罗斯福"法院填塞计划"的愤怒风暴平地而起，它可能会摧毁法院的独立性和完整性，颠覆宪法，并让执法权无限上升。

纯粹从宪法法律的角度来讲，该建议毫无瑕疵，因为法院成员数目和法院位于行政和司法之上的最高权力都不是由宪法来决定的。尽管如此，罗斯福的计划还是陷入了一种政治盲目中，因为他没有把宪法机构的公共效力与其各个部门长官区别开来；此外他没有认识到，在公众意识里，最高法院要比保障宪法和公民权利自由的九位年迈法官更有分量。即便是固执的新政支持者也反对这个计划，这就导致罗斯福除了尽可能迅速地摈弃它以外别无选择。

罗斯福在政治上遭遇了最大的失败，其结果是鼓舞了保守的共和党，使得它与民主党一起表态反对总统的内政措施。由此一来，作为经济社会改革方案的新政走向终结。1937 到 1938 年间的短期经济萧条让失业人数从 700 万飙升到 1100 万（涨幅为 20%）。尽管新政没有实现经济上的复苏，但重新稳固了国人对未来的信心，而在此过程中既没有对美国人实施道德再教育的意图，也不质疑美国个人主义和资本主义的想法。

回溯历史，罗斯福在 1933 年 3 月 4 日的上任开启了一个新时代。之所以这么说，有以下三个原因：其一，富兰克林·德拉诺·罗斯福是美国首位用新理念和新目标来掌管总统府的现代总统。罗斯福将宪法中确立、此前已有几位总统践行的行政长官的支配角色系统化，并将它置于新的机构基础之上，其中就有迅速扩大的总统行政办公室。其二，罗斯福采取以下措施，成功地持续改变了美国的政治结构：将民主党建立在由工人、知识分子和少数种族群体组成的新的选民基础——所谓的"新政同盟"之上，由此把它从一个少数派别党变成了全国规模的新多数党。其三，罗斯福的政策重新定义了经济与社会的关系，催生了美国这个社会福利国家：它虽然无法直接与欧洲福利国家相提并论，但仍然从根本上重新定义了国家承担的经济和社会职责。

由此，美国、德国以及其他欧洲国家之间的根本区别便呈现出来：在危机时刻，罗斯福政策宣布的不是退缩到恐惧不安之中，或者死守着所谓的安全价值，也不是出于畏惧就自我麻痹，而是勇敢地迈步向前，以阻止"重回丑恶的旧秩序"。罗斯福就此表达出美国政治的基本音调，这一点后来在肯尼迪那里得到延续，在里根那里又以一种完全不同的方式传承下去，它让美国政治一再避免试图进行纯粹的欧洲式解释。因为美国的政策制定既没有依据完善的计划方案，也没有遵照内在统一的党派政治理念，而是尽可能地尝试多条哪怕是互相对立的路径，以便此后再向国会和民众展示成功在望的那条。

为了达成这一目的，正如罗斯福担任纽约州州长那四年就已经践行的，他团结了一群由知名科学家组成的"智囊团"。按照他的要求，其夫人埃莉诺·罗斯福也终生扮演着顾问的重要角色，由此首次为"第一夫人"赋予了公众效用，这不仅将来自女性的关怀引入其中，而且在很大程度上为推动罗斯福政策的社会福利因素做出

113

了实质性贡献。

随着罗斯福上台，拉丁美洲政策也像内政的新动向一样，建立在"睦邻政策"的新基础之上。在这个意义上，罗斯福及其幕僚将最后的美国驻军从多米尼加共和国和海地撤回，并敦促纽约国家花旗银行把它对海地中央银行的控制移交给海地政府。此举造成的结果却是，美国为多米尼加共和国的特鲁希略、尼加拉瓜的索摩查和古巴的巴蒂斯塔等人的独裁统治提供了直接或间接的支持。

直面越来越咄咄逼人的欧洲法西斯主义和日本军国主义，美国的反应完全不同，对此国会在上升的反战氛围中颁布了一系列中立法案做为应对。在广大美国民众看来，与其说法西斯主义者危险，倒不如说可笑；令人惊异的是，起先美国还心怀高度宽容，甚至对墨索里尼和希特勒还有一些好感，因为这两人看上去还在为建立秩序努力，行动高效且反对共产主义。

罗斯福虽然在内政上考虑到了上述问题，但在1937年著名的"隔离演说"中宣布，必须以一种隔离的方式来对待侵略者，以禁止当时世界上流行的"国无定法"现象。在这个意义上，罗斯福和美国民众认可了1938年的《慕尼黑协定》，它看似确实维持了和平。像欧洲

一样，东亚拥有举足轻重的姿态和强大的影响力，与
20世纪20年代相比，局势已有好转。因此，专注于国
内问题看起来是完全现实的。

随着纳粹德国在3月进攻捷克斯洛伐克，意大利法
西斯在1939年4月占领阿尔巴尼亚，美国国内的氛围
有了转变。而在此前，就已经确立了政治方向。《慕尼
黑协定》签署几个星期以后，罗斯福请求国会额外拨款
3亿美元以采取抵抗措施，1939年1月又请求再拨13亿。
在这一时刻，已经有8万名犹太难民从纳粹德国逃出，
在美国找到了庇护所。尽管"水晶之夜"的惨剧发生，
纳粹对犹太人的迫害愈演愈烈，但美国公众和政界仍然
反对提高德国犹太人的移民比例。在纳粹德国1939年
9月1日攻击波兰之时，情况发生了改变。不管美国如
何保持中立，对罗斯福而言，这个国度的精神和良心不
能中立，不久以后，《现金提货法》就创造了向战争国
出售武器的机会，如果物资采取现金支付并由同盟国船
只运走的话。之所以借助这一方式，是为了阻止美国像
第一次世界大战期间那样被卷入战争。

鉴于欧洲境内的战争升级，1940年7月，就在党
派代表大会召开之前，罗斯福直接向民主党发表了接受
提名连任第三届总统的声明。这虽是史无前例地与美国

传统决裂，但即便是对反对新政的民主党人来说，也几乎没有备选方案。让人大为惊异的是，在共和党代表大会上，以前从未出入过政界的工业家温德尔·威尔基胜出。他要求为英国提供更大援助，由此获得了党内国际主义者和企业家成员的支持。作为对策，罗斯福寻求更为广阔的政治基础，把共和党的领导人物吸纳到重要部门，再次大力增加了国防资金预算；给英国调用了 50 艘旧的驱逐舰，但继续强调他要让美国从战争中抽身而退。在大选中，他获得了足足 55% 的选票。

罗斯福现在力主完全支持英国，首次规定了普遍义务兵役制，但不让美国直接卷入战争，并于 1941 年 1 月建议颁布《租借法案》，以修正旧的《现金提货法》，因为英国再无购买战争物资的财力。在公众的广泛支持下，《租借法案》于 1941 年 3 月生效，在纳粹德国进攻苏联后，其有效范围又立即扩大到了苏联。按照部署，美国还要为英国货船保驾护航，以助其驻守格陵兰和冰岛，防止它们落入德军手中。

现在以下事实就已经不可否认：与第一次世界大战相比，二战后所提出的要求是不同的。1941 年 8 月中旬，罗斯福和丘吉尔在纽芬兰海上的一艘战舰上会晤并签署了《大西洋宪章》，其内容不仅跟民主原则、国家自决和谴责侵略相关，而且还围绕着集体安全和裁军展开。

尽管美国越来越大规模地支持英国，但对于美国而言，战争的肇始之地不是大西洋地区，而是太平洋地区。为了维护美国经济利益，必须遏制日本在东南亚的扩张。美日贸易协议没有延长，对日本出口日益重要的战争物资被禁，直到发展成 1941 年夏对日本的全面贸易禁运。鉴于日本储油量下降，美日战争如箭在弦，这一点美国政府最晚是在 1941 年 11 月底成功破解日军密码之时获悉的。1941 年 12 月 7 日发生了如下事件：日军发起连环轰炸，在毫无预兆的情况下摧毁了美军在夏威夷岛上珍珠港的太平洋舰队，以及附近空军基地上的美国空军部队。

在没有充分准备的情况下，美国就置身于一场全球战争之中。然而，美国的战争机制在短时间内推动了生产和国家的革命化。从和平生产向战争生产的转化速度如此惊人，1943 年 5 月，整个经济都处于战争的控制之下。美国变成了世界上最大的武器制造厂，它生产的战争原料比所有轴心国加起来的还要多。

新政没有达到的目标，战争却让其完成了，即让美国经济满血复活，让街头的失业者再就业。其结果是，

20 世纪的美国收入分布发生了最重要的变化之一：拥有全国总收入 5% 的最富有的人群的比例从 26% 下降到 20%，而持有举国收入 40% 的最贫困人口的比例则从 13% 上升到 16%，美国中产阶层的规模则扩大了一倍。在其他方面，战争也给美国社会带来了深刻的影响。战争不仅动员了约占总人口总量 11% 的 1500 万名士兵，而且据估计也调动了同样数量的女性——她们想离自己的丈夫或父亲近一点，或者是想获得一个更好的工作岗位，以便给家庭其他成员提供更好的物质保障。战争生产的中心，尤其是在太平洋沿岸国家，吸引了数百万的劳工。足有 600 万美国人离开乡村，目的是迁移到中西部的工业中心或西部海岸地区。战争不光让数百万人背井离乡，而且让很多人变得更为开化，但也让他们有了更强的孤独感和挫败感；战争改变了美国人的生活习惯和方式，其主要原因在于：借助高度兴盛的大众媒体，战争对美国文化产生了根本性影响。

女性生活和家庭生活也在持续发生变化。到了最后，三分之一的劳动力都是女性，其中，生儿育女的已婚妇女越来越多，并挤入当时还纯粹由男性掌控的职业领域。但是大多数民众不赞成已婚女性参加工作，并觉得自己的看法为以下社会现象证实：青少年犯罪率上升到原来的 5 倍，离婚率则从 16% 攀升到 27%。尽管歧视重重，但战争还是给予了数百万女性新的自我价值感和独立意识。

在更大程度上，战争可能为黑人敞开了大门。在美国国内，维护自由、反抗法西斯主义的战争发展成为抗击种族歧视的战斗。不光是"美国有色人种民权促进协会"，还有 1942 年建立的"种族平等协会"无数支持者。自打"重建"以来，美国政府第一次颁布了反对种族歧视的法令。数百万黑人进入城市和工业界，加入工会，也参与罢工。这一切都引发了各种深刻变化，在其基础之上，此后争取公民权利和种族平等的运动发展起来，即便路途尚还遥远，种族歧视和冲突远未由此消灭。

当然，战争也有其阴暗面：从 1942 年 2 月开始，三分之二在美国出生的 11 万两千名日裔美国人被拘禁在收容所里，尽管他们中没有任何人从事过间谍、暴动、叛国或其他不忠于政府的活动，但他们不得不变卖土地和房屋围住在一起，只是因为纯粹的种族原因和战争所带来的歇斯底里。直到 1982 年，美国政府才对受害者发表了官方道歉；到了 1988 年，每个人才各得到了 2 万美元的补偿。

在没有进一步研究二战期间美国在太平洋和欧洲地

区的决定性军事作用的情况下，美国政府从一开始就断定，与一战不同的是，在二战期间必须为建立一个持久的、由美国打下决定性烙印的战后秩序奠定基础。在《大西洋宪章》中，有些问题已经提及。此外，在美国看来，构成新秩序基础的，除了这个国度的强大经济潜力，还得有建立在最新科学技术发展基础之上的军事实力，而原子弹便是这一实力最有力的证明。鉴于这些目标，罗斯福立足于本国的政治封闭性，在 1944 年 11 月参加了第四任期的竞选，并以近乎 54% 的选票胜出：尽管取得了最终胜利，但仍然是他任职以来所取得的最差结果。

大选之前，两场决定性会议确立了战后秩序的基础，与从 1942 年在莫斯科到 1945 年在波茨坦举行的各场战争会议不同的是，这两场会议是在美国举行的。1944 年 7 月，44 个国家的代表相聚在新罕布什尔州的布雷顿森林，来拟定未来的世界经济秩序。即使苏联没有参与，而且并非美国的所有建议都被写进了合约，这也是一个由美国设计的秩序：作为在战争期间继续支持《租借法案》的条件，加盟的国家都有义务在战后消除世界贸易中的所有歧视，保证市场自由和原料准入，维持汇率稳定，并在严格关联美元的基础上，让各国货币可以完全兑换。为了实施和控制货币约定，建立了国际货币基金组织；为了掌控贸易协定，订立了《关税及贸易总协定》；为了重建被战争摧毁的国家，则设立了国际复兴开发银行，即今天的世界银行，它被美国资本主宰，直到 20 世纪 80 年代一直由美国主导。由此美国资本不但对重建欧洲产生了主导性影响，而且达到了让债务国推行不违背美国资本利益的经济和金融政策这一目的，因为世界银行的信贷是有条件的。而布雷顿森林协定则比其他任何协议更长远，成为 1945 年后美式和平的基础。

第二场会议于 1944 年 8 月在华盛顿州的敦巴顿橡树园举行，之后又于 1945 年 4 月 25 日至 6 月 26 日在旧金山举行后续会晤，在政治和军事上都有目标：建立一个拥有多国军队的国际委员会，以协调各种争端，威慑侵略分子。采取这一方式的目的是，要把旧的均势政策替换成维护集体安全的工具，其结果是起初由美国主导的联合国成立了，但在冷战背景下，它也只能有限地承担根据建立初衷而必须履行的全球任务。

第九章

从物质过剩到道德危机
（1945—1980）

　　战后经济秩序的确定伴随着如下目的，即避免让本国的经济繁荣和增长的人民福利成为战后经济衰退的牺牲品。

　　罗斯福没有经历欧洲的战争终结。1945 年 4 月 12日，他因中风去世。他的继任者——来自密苏里州的哈里·S.杜鲁门在 1944 年被罗斯福接受为副总统的候选人，但杜鲁门完全没有做好当总统的准备。尽管有着各种反对意见，杜鲁门仍然坚定地接任新的职位，并向国内外传递信息，表示他要执行自己的路线，面对苏联和日本都没有妥协的意愿。这对日本意味着：在日本没有履行无条件投降的要求之后，美国于 1945 年 8 月 6 日和 9 日分别向广岛和长崎投掷了原子弹，导致几十万人丧生，由此让日本在 1945 年 8 月 15 日投降。

人类历史上最血腥的战争画上了句号。这对杜鲁门意味着，要在寥寥数月内把 900 万老兵融入本国社会和经济中。然而，国内并未出现紧逼而来的大规模失业，相反的是，1946 年经济开始出现繁荣局面，因为在后来的 25 年中，从战时经济到消费品生产的转换推动了美国经济，为此做出贡献的是 1944 年所谓的《退伍军人权利法案》，在它的帮助下，230 万昔日的士兵可以在 1945 到 1950 年间进入大学学习。战争期间的巨大企业盈利和战后的税收下降引发了促进生产的大规模投资，而欧洲则不得不把巨额资金投入到修整战争所导致的破坏之中。在几乎没有任何竞争的情况下，美国就可以低价买进世界各国的原料并出口成品。

尽管如此，杜鲁门还是要跟诸多问题作斗争，比如通货膨胀和罢工，尤其是跟不愿为价格高昂的社会福利方案提供资金的国会。在共同敌人溃败以后，美国跟苏联结成的战争联盟没有继续存在很长时间。对于杜鲁门来说，苏联为了保护自己近期不受侵犯而谋求所谓的"防疫封锁线"，这跟美国的战争目标并不一致，特别是因为美国的政治气候看上去并不主张向苏联屈服。面对美国咄咄逼人的气势，苏联越来越担心自身的安全；而美国在阻遏苏联扩张主义的政策形成，它很快就导致动用军队的威胁浮出水面，要求苏联从伊朗北部撤退。1947年3月12日，"杜鲁门主义"出台，承诺给所有因为武装起来的少数群体或因外在压力而在自由上受到威胁的国家提供援助，由此美国就从原则上宣布了遏制苏联扩张主义和共产主义的决心。为了防止苏联咄咄逼人地闯入美国的世界政治利益范围，尤其是考虑到诸多西欧国家共产主义政党的强大力量，几个月后，又制定了马歇尔计划对杜鲁门主义做出补充。计划的目的在于抽掉共产主义赖以生存的基础，让世界经济恢复活力，以便能够让自由的政治机构发展壮大。迫于苏联的压力，所有位于其影响范围的国家跟苏联一样拒绝加入马歇尔计划，在这之后，170亿美元最终在五年内流入16个欧洲国家，使它们从中受益。

苏联通过施加更大压力来回应中东欧国家，让共产党在那些国度掌权，最后致使捷克斯洛伐克于1948年2月倒戈。当西方战胜国在其德国占领区内实施货币改革之时，1948年6月24日，苏联开始封锁西柏林，由此柏林一夜之间从昔日的纳粹大本营摇身变为充满西方自由而被激烈争夺的前哨。在近乎一年的时间里，被围困居民的生活供应无从着落。1949 年 5 月 5 日，斯大林突然宣布封锁结束，但其政策造成的损害却再也无法弥补。美国感到力量壮大，认为仅靠对苏联采取坚定不渝和不屈不挠的态度就能取得成功。1949 年 4 月和 5 月，北大西洋公约组织和联邦德国分别成立。作为回应，苏联宣告民主德国和华沙条约组织建立。

冷战早已蔓延到了东亚，在那里，美国无视所有支持国家自决权和反对帝国主义的宣言，帮助法国这个殖民国再次在印度支那扎根，并拒绝苏联对道格拉斯·麦克阿瑟将军在日本停留和实施管理发表意见。苏联不得不被迫接受库页岛的南半边、千岛群岛和朝鲜的一个占领区。相反，在中国，杜鲁门政府没有成功地将国民党部队转化成一支能与毛泽东麾下的共产党军队抗衡的作战力量。1949 年末，蒋介石及其手下逃到台湾，意在那里建立一个流亡政府。对于美国在中国事务中的"失败"，很多感到震惊的美国人都觉得美国国务院难辞其咎，认为它向中国共产党投怀送抱，出卖了美国的国家利益。

几个月后，朝鲜战争在 1950 年 6 月 24 日爆发，这在杜鲁门看来只是苏联在全世界展开侵略的又一表现，而这一行动要求美国做出坚定回答。三天后，杜鲁门打着联合国的旗号，在已步入古稀之年的麦克阿瑟的最高指挥下，向朝鲜派出美国军队。在当地，尽管中国多方警告，战斗还是发展成了一场所谓的"解放战争"，目的是建立一个"统一、独立和民主"的朝鲜。这场战争让足足 30 万中国志愿军参与进来，在此之后，其战线主要在原南北朝鲜的国界之处北纬 38 度的方向得以巩固。杜鲁门致力于和谈，而麦克阿瑟公开宣扬动用原子弹与中国展开一场大规模的陆地战，以至于杜鲁门除了在 1951 年 4 月 10 日罢免麦克阿瑟的职务以外别无选择，尽管公众明显支持麦克阿瑟，同意他开展全面战争直至取得最后胜利的要求。虽然如此，停战谈判还是继续进行，直到 1953 年 7 月 26 日方才结束。但是，美国对外政策的军事化不仅表现为国防开支急剧上升、与澳大利亚和新西兰结成防守联盟、为蒋介石的国民党和法国在印度支那的战争提供大规模的军事援助，还体现在再次武装西德的坚定决心之上。

因为臆想共产主义会分化瓦解本国，于是出现了确有其事或捕风捉影的叛国行动，这就给对外政治的军事化和国内与之相伴的反共狂热提供了新的理由。否则无法解释苏联如何上升为核大国，而这一发展则导致了军备竞赛的升级。那些起初无法容忍的单一事件，后来发展为真正的诽谤和迫害运动，它势不可挡，席卷了政府、中小学校、高等院校和工会等，让数百万美国人被迫接受安全检查。它摧毁了政治左派，让美国自由主义丧失信誉，破坏了斗志昂扬的工会运动。它还延缓了所有的内政改革，引发了民众沉默和政治麻木，并导致僵化呆板的反共对外政策出台。

对颠覆的畏惧已经失去了一切实际意义，在政治工具化过程中，再也没有人像共和党参议员——来自威斯康星州的约瑟夫·雷蒙德·麦卡锡那样，把这种畏惧牢牢地掌控在手中：自从1950年初以后，没有自由派民主党人能够幸免，诽谤他们是共产党的朋友。尤其是在美国西部的中区，麦卡锡的原始美国主义在以下两个群体中得到无数支持者：一是对中央政府不满的农民，二是底层工人，他们同麦卡锡一样，反感特权和享有较高政治和社会地位者。在麦卡锡的支持者心目中，他并非毫无廉耻的撒谎者和愚蠢的自高自大者，不是因政治权欲而故意摧毁无数无辜公民的生活，相反却是美国真实的捍卫者。麦卡锡实行的迫害运动持续了近五年，直到最终参议院多数人表达了反对意愿，要求废除这一禁令。

鉴于冷战和对共产主义的恐惧，杜鲁门那时就已经不得不经历这样的困境：作为工人、工会和公民权利的律师，要在政治上获得成功该有多困难。然而，令众人惊异的是，他在国会中没有做到的，在 1948 年的大选中却实现了：当时他以 49.5% 的选票确认当选为美国总统，这让很多人出乎意料。

杜鲁门深感自己肩负着进行全面社会经济改革的委任，他秉承罗斯福的理念，称之为"良政"。他可以贯彻这些措施中的一部分，而由南方各州的民主党与共和党组成的联合政党则阻挠所有改善黑人处境的尝试方法。当朝鲜战争看起来最终要阻碍美国继续出现的物质繁荣之时，杜鲁门的人气急剧下降。这就为共和党提名的二战将军德怀特·戴维·艾森豪威尔铺平了道路，他在 1952 年以 55% 的选票当选为新总统，见证了今天看来可谓"黄金时代"的 20 世纪 50 年代——当时，生活据称是如此轻松:汽油便宜，汽车宽大，家庭美满，郊区生活舒适无比，完全就是约翰·肯尼思·加尔布雷思在 1958 年的一本知名书的标题中所展示的"丰裕社会"。虽然对丰裕社会的回忆并不总是如此完美，但艾森豪威尔秉持实用主义原则，与工会合作，分担福利国家措施，因为考虑到经济增长和失业规避，放弃了严格的财政平衡政策。

艾森豪威尔对美国最长久的改变，却是通过他在最高法院的委任达成的。早在 1953 年，他就任命大受欢迎的加利福尼亚州州长厄尔·沃伦重新担任首席大法官一职，在接来下的 16 年中，沃伦将会给最高法院打上自由主义的标记，这尤其要归功于艾森豪威尔时期委任的另外四位新人。1954 年，在可能是它最著名的判决中，法院宣布学校里的种族隔离有违宪法，并取消了原来的"隔离但平等"等原则。一场积极的公民权利运动就此拉开帷幕，尽管南方在此过程中激烈抗争，但种族隔离政策最终还是被取消，而公民权和选举权从 1875 年以来首次被提上联邦政府的议事日程。同时，黑人受到鼓舞，比以往任何时候都更加坚定有力地要求自身权利，对此 1955 到 1956 年间亚拉巴马州的蒙哥马利的公共汽车罢工发出了第一个信号，并且直到后来很长一段时间都备受瞩目。

借助这一罢工，南方黑人有了新的力量和自我价值感的新意识，罢工给他们注入了强心剂，让他们认识到社会变革是可能的；罢工还让美国产生了一位黑人领袖马丁·路德·金，他的演讲不光能够鼓舞黑人的坚定决心，而且可以撼动白人的良心。他要求公民不要屈服，由此把甘地或梭罗的非暴力反抗原则与倡导一个充满博爱的新世界的基督教福音连接起来。黑人的斗争也激励了其他少数种族群体，但无法阻止以下现象发生：美国的中心城市从贫困、无望、暴力、犯罪和毒品的发源地堕落为富裕社会中的荒漠，而财富持续增长的中产阶层纷纷从中逃离出来。这个阶层中间流行着一种顺应社会和时势主义，在接连不断地陶醉于消费的氛围中，这股风潮在整个国家越来越无力地蔓延开来。中产阶层代表的是那个"缄默的一代"，他们秉持保守主义，坚定不移地遵循意见一致的导向，诚惶诚恐地规避意见分歧；对于他们来说，家庭和生活占据价值标准的较高位置，这尤其反映在所谓的"婴儿潮"上。

没有第二位政治家看上去能像艾森豪威尔那样体现那个时代的渴望和标准，因此，他在1956年以58%的选票打败再次参选的阿德莱·史蒂文森而当选为总统，也就不足为怪了。但国内军事工业界力量的影响最终引发了很多问题，至少跟对外政策的发展所带来的问题一样多。尽管艾森豪威尔在任时保证了美国和平，并试图缓和与苏联的紧张关系，但是他完成了与苏联的结盟，并阻止了共产主义在亚洲的发展壮大。然而，他没有弄清楚第三世界的问题，无法遏制1959年后古巴在菲德尔·卡斯特罗的领导下向共产主义阵营的偏离。

1957 年 10 月 4 日，苏联成功发射了它的第一颗人造地球卫星"伴侣号"，而在这之前，美国已经感受到了举国上下的震动。巨大的导弹技术差距看起来已然形成，为了不至于在科技领域屈居第二，美国前前后后为航天计划和教育事业投入了数十亿美元。

与此相关的挑战被约翰·菲茨杰拉德·肯尼迪列入了他的计划之中。1960 年，作为总统中的首位天主教徒，他非常艰难地打败了当时在职的副总统理查德·米尔豪斯·尼克松，在总统选举中获胜，因为这位相貌堂堂、年届 43 岁的候选人出身于富庶的新英格兰家庭，确实能够让人信服地代表年轻美国的充沛活力、奉献精神和美好想象。肯尼迪想要展示自己的决心和实力，唤起个人争创业绩的意愿，并通过建立一个由本国领先知识分子组成的大规模咨询委员会，来强调他领导的政府对精神和文化领导的要求。在"新前沿"的口号下，这些用来炫耀和卖弄的活力和创新意向得以大肆宣扬，但反响不大。鉴于肯尼迪的选民授权较为孱弱，由共和党和南方州民主党组成的保守派联盟迅速获得国会承认，它有权阻止任一改革立法。国会否决了所有抗击国内贫困、为教育和培训提供联邦资金、在社会保险范围内引入老年医疗保障的尝试。就连那些较小规模的动向，比如提高最低工资、资助近距离公共交通和自建房、改善贫困地区经济结构、提升职业资质等，也都被国会打了折扣。

为了消除反对意见，肯尼迪没有力主他的计划，而是转向发展已经疲软的经济，尤其是通过大力增加包括航天计划在内的国防预算。自由主义批评者对此提出异议，认为通过这种方式只会让富人更富，导致社会立法方面出现大量疏漏，并批评总统在公民权方面毫无作为。事实上，为了不影响他的再度当选，肯尼迪也确实认为必须考虑南方白人的利益。黑人通过静坐、自由乘车和其他措施参与公民权运动，为这个群体注入了越来越多的动力和信心，让他们相信有权改变自己的命运；而与此同时，民众在电视上每天都可看到南方发生的种族恐怖事件，甚至连妇女和儿童都不放过。在此压力之下，尽管肯尼迪最终被迫采取行动，在 1963 年 6 月提交了一项涵盖面广的公民权利法案，但国会里的保守派多数认为并无行动必要。

肯尼迪在国内大肆宣扬但基本上没有成就更好的世界，按计划也需在美国以外获得成功，这要归结于美国胜过共产主义国家的军事实力，以及旨在消除饥饿、绝望和贫困的"和平革命"。为此诸多方案出台，包括作为"德国发展服务中心"典范的"和平军团",以及按照马歇尔计划的模式组建而成、定位于拉丁美洲的"进步联盟"。即便很多计划满是理想主义,最后的收效却微乎其微,这尤其体现在"进步联盟"上。

肯尼迪对外政策的特点不光是使用和平手段,他还沿袭了艾森豪威尔的方案,在与美国中央情报局达成一致,并得到美军总参谋部帮助的情况下,借助 1500 名古巴流亡者于 1961 年春入侵古巴的猪湾,目的是为推翻卡斯特罗的古巴暴动造势。事与愿违的是,入侵功亏一篑,但为了让人不把这场溃败视作美国孱弱的标志,肯尼迪直到后来才真正插手古巴事务,并支持美国中央情报局刺杀卡斯特罗的各种计划。

在古巴发生大危机之前,1961 年夏就已经出现了互相探测对方基地的行动,当时苏联要求美国军队从柏林和德国其他城市撤出,否则就要发动战争。肯尼迪宣布保卫西柏林是"自由世界"不可放弃的任务,并派出一支由 15 万人组成的后备力量,还请求国会增加了 30 亿美元的国防预算。按照肯尼迪的计划,美国要在各地建造防原子弹的防空洞。核战争没有爆发,但柏林墙在 1961 年 8 月 13 日建立了起来,目的是终止来自民主德国的汹涌难民潮,美国也接受了作为内部措施的封锁。

即便在被迫接受高风险的情况下也要坚定地行动，肯尼迪的这一意愿在古巴危机中再次得到印证。1962年10月22日，他向一无所知的美国发布消息，声称"世界和平受到秘密的、无情的和挑衅式威胁"，原因是苏联在古巴建立了导弹基地，对此美国表示无法接受。肯尼迪下令美国军队开拔到佛罗里达，对古巴实施海域封锁。按照命令，开往古巴的所有船只的起航和靠岸都必须接受美国海军的检查；古巴国内的导弹发射台必须拆除运离，否则美国就会摧毁它们。在正面交锋之前，苏联表示让步，双方都是深思熟虑者占据上风；最终古巴导弹被拆，而美国则宣布放弃入侵古巴。在最后一刻，世界末日般的恐怖局势得以扭转。

即使东西方阵营的关系在古巴危机后有了一定缓和，美苏关系仍一直处于军事化对峙状态，继续存在的还有军备竞赛，以及为了占据在第三世界的统治地位而展开的斗争。越南日益成为东西方阵营关系的主要舞台，因为缺乏民众支持，1954年以后一直在越南南部执政的、亲西方的政府遭遇越来越大的压力。不管是肯尼迪提供的物质援助，还是1.6万名美国军事顾问，可能都无法改变这一点。就连1963年11月1日在美国批准下发动的军事政变，都没有缓解政府所遭受的压力。虽然肯尼迪依旧没有发起一场支持南越的战争的意向，但他也从未怀疑过以下事实：根据多米诺骨牌理论，必须阻遏东南亚的共产主义力量。他所有的军事顾问都深信，要达到这一目的，美国在对越战争中的取胜是先决条件。

1963年11月22日，"肯尼迪神话"出现：当时他开着敞篷车，在达拉斯穿过夹道欢呼的人群，突然身中数枪而亡。直到今天，这场枪击案的真相都没有得到确切解释，并且总是引发新的揣测，举国上下深深感到震惊。倾刻之间，肯尼迪唤起的所有跟理念、幻想和期望相关的东西看起来都变成了现实，而现在这一现实却又像肥皂泡一样破灭了。只是大家完全忘记了，很多东西还是纯粹的巧言辞令。肯尼迪的突然离世让他的形象越发变得光芒万丈——一位充满英雄主义的、可能也是伟大的总统，本来可以代表整整一代人的希望，并引领美国走向新的彼岸，同时也让人忘记了以下事实：他的立法计划实际上只有三分之一是通过国会完成的，他开口闭口大谈和平，然而差一点就将世界推入万丈深渊，而且他在和平时期进行的扩军比任何一位总统都要多。

充满智慧、出身城市、优雅文明的肯尼迪曾经是东海岸地区自由主义者的偶像，在这些人看来，肯尼迪的继任者林登·贝恩斯·约翰逊则是来自偏远的得克萨斯的粗鲁乡下人，而偏偏得克萨斯又是发生肯尼迪谋杀案的那个州，故而他们对此地充满了不信任和摈弃的态度。然而，这位近 100 年来首位来自南方的总统颇有能力和领导风范，在相对较短的时间内就治愈了肯尼迪被刺杀所带来的创伤。在上任之时，没有第二位总统比约翰逊具备更多在首都任职的政治经验，以及美国政府机构运作的详尽知识。没有任何人像他一样集充沛的精力与政治说服力于一身，并一再成功地笼络与自己志趣相投的联邦州，让反对州保持中立，在对立的利益之间进行协调让步，并赢得国会对自己建议的首肯。

约翰逊利用这一时机，敦促国会来纪念肯尼迪，并颁布了《降低收入所得税法案》以及《公民权利法案》。第一个法案相对较快地尘埃落定，并像期望中那样为经济注入了活力，降低了失业人数。而后一法案的贯彻则要困难得多，在历经艰难的谈判之后，约翰逊才攻克了南方的抗议，于 1964 年 6 月通过了"重建"以来最具影响力的同类法案，同时还成立了"同等就业机会委员会"，目的是消除建立在种族、宗教、原生国度和性别基础之上的歧视。约翰逊最全面的内政倡议是"无条件消灭美国贫困攻坚战"，计划让贫困人口在教育、转岗和资质培训项目、"经济机会法案"及其他诸多支持性措施的帮助下，重新过上中产阶层的生活。属于此类措施的还有在贫困地区进行的内部发展援助服务，以及为弱势家庭出身的儿童所提供的学前义务教育。这一社会改革范围极广，涉及健康、教育、环境以及种族平等各个领域，聚集成约翰逊想象中的"伟大社会"：在这一社会中，他要消除贫困和种族主义，并保证穷人在生活基础得到物质上的改善的同时，也拥有美国生活知识和文化富足的精神维度。

带着"伟大社会"的梦想，约翰逊在1964年进入大选竞争，对手是巴里·戈德华特，后者由反对人士组建的联合执政党中的共和党提名，来自亚利桑那州，是一个超级保守的参议员。斗争发展的新动向由此确定，即一个现代化的、迈步前进的美国与曾经那个畏首畏尾、回望过去的美国对抗。戈德华特直言不讳地表示，他反对《公民权利法案》，就像他的同时代人抗议参议院对约瑟夫·麦卡锡的指责一样。戈德华特承诺取消进步的个人所得税和田纳西河流域管理局，并遏制工会的影响，同时废除社会保险中的强制险。如果古巴和越南继续对美国政策表现得不理智的话，在万不得已时要对两国动用原子弹。对美国自由主义者来说，很容易给戈德华特贴上好战极端分子的标签。虽然约翰逊以绝大多数选票的优势胜出，但戈德华特也得到了近乎 40% 的选票，这也意味着他在许多民众心目中绝不是一个极端的边缘人士，也不是一个不负责任的、反动的亡命之徒。在托马斯·杰斐逊任职以来自由主义者取得的最大选举胜利中，美国保守主义的势力清楚地显现出来，从中已经可以洞悉，很多美国人——尤其是南部和西部的民众，已经告别了那种内在合理性早就不能用欧洲标准来把握的政策。美国与欧洲在思想和政治方面的联系被潜移默化地侵蚀，这成为自从 20 世纪 60 年代以来美国政治日益清晰可见的标志，但在欧洲还几乎从未引起注意。这一侵蚀发生的同时，人口和经济重地从北部和东部迁移到南部和西部，商贸热门地发生了转移——东亚作为美国最重要的商贸地区早就取代了欧洲的位置，拉美市场地位上升，最后还有美国人口的种族比例发生改变。长时间以来，洛杉矶已经成为移民美国的最大入口，自从 1965 年的移民法出台后，80% 以上的移民来自亚洲和拉丁美洲，而不是像 1965 年那样依然来自欧洲。戈德华特的政策被人称为"西南爱国主义"。不管这个表达是什么意思，它都不认为北大西洋占据中心地位。

在大选之后，约翰逊立即向国会提交了旨在构建"伟大社会"的各项法案，其种类之繁多前所未有，并且几平将所有目的都达到了。比如，美国首次发布了全面支持初等和中等教育的方案。《投票权法案》免除了正字法测试，授权联邦政府的委托机构来进行选民登记。随着《医疗法》的出台，政府出资为老年人办理疾病保险，并给领取社会救济者提供免费的医疗预防措施。在建造社会福利房和发放住房补贴方面，则投放了数十亿美元。1965年的《移民法》取消了1924年带有歧视性的配额制，推动了移民运动的自由化。另外还采取措施来改善基础设施，发展美国的贫困地区——阿巴拉契亚地区，并为贫困大学生以及图书馆和研究机构提供资金。政府还颁布了保持大气和水源纯净的法律，建立新的部委，其中就有"住宅和城市发展部"，并有史以来首次任命黑人来担任这个部门的部长一职。这些计划和倡议并非个个都是经过反复推敲和深思熟虑的，以至于很多很快就不得不又放弃。不管这些措施如何唤起了希望、改变了美国生活，对于保守派来说，它们一如既往地代表政治体制最严重的弊端应当全部废止。之所以没有做到尽善尽美，主要是因为在越南事务上介入太深，从而为"伟大社会"画上了句号。1966年，政府投入越南战争的资金是花在抗击贫困运动上的20倍。举国上下的共识化为乌有，穷人的希望烟消云散，并引发了贫民窟的黑人斗争浪潮，导致白人惴惴不安，迫使自由人士和年轻人离开本国。1966年，民主党在中期选举中失去了47个众议院席位，此时"伟大社会"的命运已是无力挽回。

这些年里，最高法院仍然是自由主义的堡垒，其影响深远的判决让美国变得更为开放、宽容和现代，《投票权利法案》的颁布和选举税的取消使南方的数百万黑人从那以后能够行使自己的选举权。尽管如此，黑人聚居区的贫困、失业和绝望还是没有消除。每年都有越来越多的美国城市发生黑人聚居区被焚事件，这对于极右分子来说是共产主义谋反的征兆；在保守派眼中，这是一场无意义的暴力行动，它损害的是所有人的利益；而在黑人看来，则意味着一股消除种族主义反动社会的新兴革命力量。因为畏惧白人做出回应，政府一直毫无作为，但"黑人力量运动"并非如此，它的产生主要与马尔科姆·艾克斯相关，比起宣扬一以贯之的意识形态，他更多的是出于愤怒和挫败摈弃马丁·路德·金以融入为目标的非暴力政策。他支持对自己的种族充满自豪感，主张自尊自爱和自我保护，但也赞同通过暴力斗争获取自由。在他1965年2月被杀害以后，运动进一步走向白热化，导致1967年黑豹党的建立，该党宣扬种族和阶级斗争，并通过暴力行动让社会关注自己。比这个党派更持久的，则是黑人自我意识的普遍增强（"黑即是美"），以及对作为新生命力之源的美国的非洲根基的回溯。

"黑人力量运动"波及印第安人，致使投入到抗击贫困运动中的经费也扩为他们所用。墨西哥裔美国人以及其他种族也采纳了运动口号，更加坚定地为捍卫自身权利、反对歧视和种族主义而战。

女性也加入其中，她们中 40% 的人在这期间处于全天工作状态中，而大多数人不再把家务和家庭看作自我实现的理想化目标。1966 年，"美国全国妇女组织"建立起来，目的是让大家关注受歧视女性的社会根源，以及留意消除歧视的必要政治手段。

不光是女性、墨西哥裔美国人、印第安人和黑人上升的斗志破坏了约翰逊对共识的谋求，还有影响力超过所有其他因素的越南战争。尽管约翰逊本人对这场给"伟大社会"造成摧毁性威胁的战争没有什么兴趣，但他还是不愿意屈从于侵略，也不愿作为在东南亚的角逐中败给共产主义势力的总统载入史册。按照约翰逊的要求，胡志明要在谈判时迅速表现出坚定的决心和有力的态度。1964 年 8 月初，约翰逊发布消息：在没有警告的情况下，北越的巡洋舰在东京湾袭击了两艘美国战舰。他要求国会授权采取一切措施，以防止越南继续侵袭美国军队。参议院以 88∶2 的票数批准了《东京湾决议案》，众议院则以 416∶0 通过。由此约翰逊的票数远远超过了戈德华特，现在后者再也不能责备前者在越南事务上行动的迟疑或怯懦，同时约翰逊手上握有一张空白支票，借此可以根据个人意愿向越南调用军队和物资。随着越来越多的炸弹和兵力投入越南战争，其升级也就拉开了序幕。1967 年底，近 50 万人奔赴前线。这场战争早就发展成为一场美国本土之战，美国国内再度引入普遍义务兵役制。然而，胜利在望的情况并没有出现，越来越多的美国人日益质疑战争的意义。从 1965 年春起，美国出现了第一批大多由学生发起的抗议运动，次年则有主流知识分子、教会代表人物和自由民主党人士加入进来。越来越多的人指出，为这场战争买单的更多是美国下层人民。相比之下，终日播放着丛林战争画面的电视台更是让民众对战争的反感与日俱增，最后导致社会产生深层裂痕，而这是内战以来再也没有出现的。约翰逊成为自己政策的囚徒，最后别无选择地在 1968 年 3 月 31 日发表声明，表示自己不会参加下一届的总统竞选。

由此一来，生活意义上的危机变得显而易见，成为青年运动的根源之一。从 1960 到 1970 年，原为 400 万的大学生人数翻倍到 800 万，与艾森豪威尔时代不同的是，大多家庭条件优渥、在美国名牌大学学习人文科学的少数种群大学生人数上升，他们冲破限制个性的藩篱和功利市民社会的拘泥，常常满怀理想主义地参与到公民权利运动中去，目的是遵照肯尼迪的呼吁来改变世界。但是，越南战争的升级让他们与政治主流渐行渐远。

决定性的冲击来自 1964 年末的"伯克利自由言论运动"，这场抗议针对的是与公民权利运动对抗的地方保守势力和种族主义分子，其内容很快扩展为关乎大学生活和学习意义的问题。抗议者主张，非人性化的大学官僚主义和规章制度应当取消，转而被人文主义的教育环境、开放的社会和政治行动自由取代。很快，这场运动不仅席卷了美国其他大学，最后还波及了欧洲。

在越南战争升级的背景下，从社会改革性质的学生抗议开始的小范围活动很快发展成为席卷大学的大规模运动，尤其是政府在 1966 年取消了对大学生义务兵役制的免除。1968 年春，来自 100 多所大学的 4 万多名学生参加了抗议战争和种族主义的游行示威。大学生越来越频繁地公开烧毁自己的入伍通知书，与警方的摩擦——有时候甚至是暴力冲突越来越多，以至于备受惊吓的主流阶层日益发出有关革命颠覆危险的警告。但大多数反战示威活动都是和平进行，其中就有 1969 年 11 月在华盛顿发生的"三月面对死亡"活动，参加者超过 30 万人。

1970 年暴动达到顶峰，而国家暴力为这场大规模的学生抗议画上了句号。1970 年 4 月 30 日，尼克松派遣美军长驱直入柬埔寨，以此宣布扩大越南战争，此时一再宣告的战争终结看起来还是遥遥无期，这引发了包括在俄亥俄的肯特州立大学发生的又一轮的大学生运动。州政府对这场运动的反应是无情的，它派出 3000 名国民警卫队，命令他们对参加下一场和平游行的学生进行没有理由和漫无目的的扫射，四人丧生。越南战争在很大程度上提升了美国国家和个人的暴力意愿，并引发了其道德水平的下降，不管这具有多么巨大的威慑力，肯特州立大学事件仍然标志着反战游行示威连同整个"新左派"的终结。小团体变得极端化，有时候转入地下活动，另外一些人则投身于妇女运动和生态运动。但对于包括蓝领工人在内的大多数中产阶层人士来说，学生运动使得社会继续右倾。

因为认识到无力结束战争，于是社会上出现了一股挫败与异化混合的思潮，很多年轻人沉迷其中，进而转向新的生活方式，它们不久以后就被人统称为"逆向文化"：嬉皮士或"花儿少年"①过着无忧无虑的生活，追求自身愿望和自由，游离于公民道德观念的一切限制，营造出公民权利运动的非政治反映引起了最大程度上的关注。

然而，伴随着20世纪70年代成长起来的新一代怀有不同目的，他们最早接受的仍是60年代的性解放理念。让所有自我标榜的道德主义者惊悚的是，性自由成了社会的组成部分：1970年，向成年人出售色情产品的最后限制取消；另外，在堕胎越来越多的同时，避孕药具的使用也愈来愈普遍，以至于在1973年的罗伊诉韦德案中，最高法院宣判，各州法律对女性在怀孕头三个月内堕胎权利的所有现存约束，都是违背宪法的。离婚率在70年代也近乎翻了倍，由此引发了性自由，而同性恋不再是禁忌的边缘现象。但很多人称赞为"民权革命"的现象，对其他人来说则是传统社会和道德基本价值不断下滑的表现，于是越来越多的民众背离政治自由

———————————

① "花儿少年"，即在20世纪六七十年代美国出现的佩花嬉皮士，他们身着奇装异服并佩戴花朵、珠子和铃铛等装饰品。他们主张和平、爱情，服用致幻剂，多数人没有政治倾向。友爱是他们的终极追求和指导思想，他们认为友爱超越了所有人类的隔阂，因此他们见到警察不是逃避或是以暴对暴地对抗他们，而是往他们的枪眼里插上美丽的花朵。

主义，转而向所谓良好的传统美国的救星——保守共和党阵营投怀送抱。

这一社会文化上的变革为 1968 年的竞选深深地打上了烙印，这是一场充斥着挫败的竞选，牵涉到对马丁·路德·金和罗伯特·肯尼迪的刺杀案，与穷人聚居地发生的火灾相关，同时还关乎此起彼伏的暴动。在竞选中，理查德·米尔豪斯·尼克松以 43.4% 的选票胜出，他击败的对手有杰克逊的忠实支持者——在职的副总统休伯特·霍雷肖·汉弗莱，还有极端右倾的种族主义者——亚拉巴马州的州长乔治·华莱士。虽然选举人团里的结果创造了 1916 年以来的最低记录，但尼克松和华莱士合起来还是拿到了 57% 的选票，并赢得了南部和西部所有州（除得克萨斯、华盛顿和夏威夷以外）的支持，由此为初露头角的政治新转向奠定了基础。这不仅仅是一场平民主义的反抗运动，它的参加主体是美国一部分人，他们因为生活富足已经步入中产阶层，现在反抗的是东部海岸地区的自由主义主流集团及其改革政策，因为他们窥见该政策偏向的是社会弱势群体的利益，而自己的地位会因此受损。在更大程度上，是美国的道德危机不断推进了危险的保守主义思潮的发展。

尼克松和他的安全顾问亨利·基辛格对国内危机置

若罔闻，他们把目光转向了对外政策，希望可以中止越南战争，并借助苏中矛盾进入对苏政策缓和期。为了达到这一目的，除了借助大规模轰炸北越和动摇柬埔寨的稳定来展示美国的坚定决心，尼克松还实行了战争越南化①的措施，即用南越作战部队替代美军，同时减少自己的军队力量——1972年仍有3万人作战。1973年1月底，终于可以在巴黎签订美越停战和约。

美国迄今为止最漫长的战争画上了句号，它让5.8万美国人付出了生命代价。然而，美国国内有一场战争仍在继续，它日益受到强烈的道义质疑，最终也没有取胜，让这个国家无论是对内还是对外都日益陷入停滞状态。现在美国人只想忘却，这首先体现在那样一批人身上——他们在外参加了战斗，现在回到了一个不愿了解他们，且他们再也无法了解的国度。

和平之所以成为可能，尤其是因为1972年尼克松成功地把中美关系置于一个新的基础之上，由此结束了中美二十多年来的敌对状态。在这之后，美苏关系很快也得到了缓和，签署了第一个重要的裁军协定。由此一

---

① 美国在越南战争中实施的政策，即通过提供资金和武器的方式，让越南人自己内部作战，从而把战争进行的责任推给南越政府，让美军能够抽身而退。

来，从前的"共产主义吞噬者"尼克松呈现给美国人一个现实政治家的角色，主张世界和平与稳定。

1973年10月6日，随着叙利亚和埃及对以色列的进犯，赎罪日战争①爆发，基于美国对以色列的支持，从1973年10月到1974年3月，阿拉伯国家越过美国及其盟国，对以色列实施原油禁运制裁。因为基辛格的摇摆外交政策，战争得以平息，以色列从刚刚占据的地区撤军，美国对外政策也确定了一个新方向，目标是与阿拉伯国家得以平衡。

在世界其他地区，美国对外政策却并不是那么以促进和平为导向，其中就包含智利：1973年9月，在美国至少是间接的支持下，以皮诺切特将军为首的军人政府颠覆了民主选举出来的萨尔瓦多·阿连德左派政府，阿连德本人殒命。尼克松很快便承认了这一独裁政权，美国公共或私人资金再度大量流入智利。

在国内，尼克松却一如既往地表现得多疑不安，他一直都喜欢猜疑，为了自身的政治利益让两党斗得筋疲

---

① 即第四次中东战争（又称斋月战争、十月战争），发生于1973年10月6日至10月26日。战争对多个国家有深远的影响，使阿拉伯国家了解到他们无法在军事上击败以色列，也因此使以阿两国间的和平得以展开。战争结束时签署了和平协议，标志着自1948年战争以来阿拉伯国家与以色列首次公开进行对话。

力尽，这些都不利于他换取信任。他在各部门任命温和保守派，采取了平衡与和解的政策，起初也让他得到了广泛支持，尽管保守共和党对他继续执行诸多从约翰逊那里沿袭而来的计划和措施表示不满。但是，当尼尔·阿姆斯特朗1969年7月21日首次成功登上月球之时，国力强盛的感觉和不加掩饰的自豪让种种政见分歧退居幕后。直到1970年的国会大选之后，尼克松的政策才呈现出越发强烈的保守特征，这尤其体现为他多次驳回自由主义的法案。

此外，尼克松的经济政策引起失业率和消费价格的上升，因为这项不那么令人信服的经济政策，20世纪30年代以来贸易结算首次出现负值，这导致含有僵化汇率体系的《布雷顿森林协定》失效，由此导致1971年美元汇率明显下降。

尽管如此，尼克松仍试图构建自己的独特形象，变身为"法律与秩序"的坚定捍卫者和为社会文化变革震惊的"缄默多数派"的卫道上。但是，尼克松政府不去消除社会不安的根源，而是认为所有反对战争、主张公民权利的积极分子以及批评者在政治上都是可疑的，他经常对这些人开展暗中侦查，必要时还采取非法的电话和电子监控、抢劫和盗窃等手段。1972年6月，尼克松的一起尝试被推到政治的风口浪尖上：他派人在民主党总部——华盛顿水门大厦的电话线上搭线监听。

安保力量的介入让这一行动宣告失败，尼克松当即断然否定总统府与这起窃听案有任何牵连。在大选中，尼克松独立自主地赢得了 60.7% 的选票，这可谓一个巨大的胜利。但是欢喜并没有持续太长时间，水门窃听事件的法律调查得出结果，认为白宫卷入了整起事件，《华盛顿邮报》的两名记者接连披露新的细节。参议院的调查委员会揭露，为了把所有谈话录在录音带上，尼克松让人在白宫安装了秘密窃听设备。当尼克松仍然固执地拒绝交出录音带时，那厢传来了副总统斯皮罗·阿格纽偷税漏税、接受贿款的消息。阿格纽随即下台，尼克松任命众议院里颇受欢迎的共和党首领——杰拉尔德·鲁道夫·福特为新的副总统。尼克松僵持数月后，在最高法院的压力下，最后于 8 月初交出全部录音带，此时他的下台再也无法扭转了，尤其是因为起诉他滥用职权的程序已经开启。但直到 1974 年 8 月 9 日，国会的共和党领袖向尼克松言辞确凿地表示，总统罢免所要求的多数派在国会里即将出现，在这之后尼克松才作为美国历史上首位被弹劾的总统下台。

虽然这一事件显示，不管在什么情况下，美国的政治体制——连同它独立的新闻制度都能正常运行，但同时亦可清楚地看见，美国危机向纵深发展的程度比迄今推测的更甚，而且已经影响到了各大政治机构。

尼克松的继任者杰拉尔德·鲁道夫·福特在 1974 年 8 月 9 日进行总统宣誓，虽然他在道德上可能清白无损，但几乎不能胜任这一职务，以至于他在短短的总统任期内与其说有所实质性作为，毋宁说被打上了无能与失策的烙印。他对尼克松的赦免就已被人视为丑闻，另一方面他的经济政策引发了失业和通货膨胀，并让财政赤字居高不下。与之相对的是，在他 1975 年的执政期内，欧洲安全合作会议在赫尔辛基签署合同，但这基本上不是他的功劳，特别是因为《赫尔辛基协议》的重要意义本身也会在十多年后得到证实。

有鉴如此，以下事实也就不足为怪：只有在顶住巨大的抵抗，福特才能作为候选人参加 1976 年的总统大选，而且并不是从一开始就全无希望；然而民主党一致推选他们完全不熟悉的佐治亚前州长詹姆斯·厄尔·卡特，此人在道德方面无可指摘，其亲民形象与腐败的白宫政府形成鲜明对比。正因如此，他暗合了经历过越南战争和水门事件之后的美国国内状况，即便是险胜，也最终登上了总统宝座。

卡特的总统任职从一开始就被覆上了一层阴影，因为鉴于对首都权力机构的不信任，他的很多法案建议都不能通过国会提出，尤其是对于亲民政策而言，他的民众授权太过孱弱。尽管如此，总统与国会之间的种种分歧并不像传言中那样，归因于双方中有一方自视为约翰逊政策的代言人。现今，时代发展已经远远超越了"伟大社会"的范围，以及扩大福利国家这一政策的限度。

即便同时代人更倾向于否定卡特及其政策，但他强调人权的对外政策的道德要求是显而易见的，虽然这一政策经常使用双重标准来衡量。针对智利、阿根廷、埃塞俄比亚、南非等国家的人权侵犯，卡特一直奉行这一政策；而在美国之外的安全利益更为重要的地方，比如韩国、菲律宾和伊朗，采取这一政策的情况就要少得多。当伊朗和尼加拉瓜两国的亲美政府在 1979 年倒台之时，卡特没有出面干预；越南战争一直在产生后续影响，以至于美国已经不愿到处充当"世界警察"。但卡特政策的道义要求促使他积极寻求与撒哈拉以南非洲之间建立新关系，并把美国与巴拿马的关系建于新的基础之上；同时他抵抗住来自国内的巨大压力，让两个协议得以贯彻，由此巴拿马运河和周围区域在 1999 年得以被移交给巴拿马。卡特最大的外交成果是美国与以色列和埃及订立了和平条约，因为卡特的强力斡旋，和约于1979年3月在白宫签署。

相反，对缓和政策的继续推进则没有什么好征兆。虽然1979年美国成功地与中国建立了全面外交关系，并与苏联签订了第二次裁军协定；但在1979年12月，苏联挺进阿富汗，这再次让冷战无处不在。

尽管上述对外政治的成果相当可观，但美国国内对政府的反感却与日俱增。在很大程度上，导致这一反应的，还有1979年第二次油价上涨引起的经济形势的迅速恶化，它最终引发了20世纪30年代以来最严重的经济衰退。卡特受欢迎的程度比尼克松在水门丑闻顶峰之时下降得还要厉害，从中可以清楚地窥见，在美国悄然进行的针对政府及其要员的不信任危机已经发展到了什么进步。在这一背景下，恐怖主义分子在德黑兰的美国大使馆扣押人质，就必然对卡特政府产生毁灭性的影响，并给美国带来创伤，这不是什么令人诧异之事，而一场非专业的、一败涂地的军事解救行动只是让情况变得更糟。卡特被贴上了失败者的标签，由此1980年的大选实际上已成定局；卡特在自由主义者眼中显得太过保守，而对于保守派而言，他又是一个能证实美国精力和胆量的人。

第十章
保守美国的起义
（1980—2008）

　　罗纳德·里根在 1976 年还不得不屈居于福特之后，为了达到如下目的却越发容易：把经济和政治发展带来的挫败感拿来为己所用，赢得多数美国人对一个全新开端的支持以削弱国家的作用，降低税收和国家支出，把经济从各种规章制度的约束中解放出来。在国际层面上，里根承诺要让美国的主导地位和国家威望得以再现。最终具有决定性作用的则是，卡特的所谓失利给国内保守势力的基本思潮注入了源源不断的动力：这股思潮反对约翰逊的自由主义，尤其反对 20 世纪 60 年代的社会变革和性解放，反对女权主义（在多年的抗争以后，维护女性平等的宪法修正案，即《平等权利修正案》，最终在 1982 年宣告失败），反对堕胎和离婚，反对同性恋和色情，倡导传统价值和道德观念。

20 世纪 70 年代已出现苗头的现象，如今正进入前所未有的美国政治的意识形态化领域。共和党应该在未来 28 年中的 20 年确定总统人选。1994 年标志着 40 年以来民主党在国会中占据多数席位的终结，与此同时，摆脱了共和党的自由派和与任何形式的政治自由主义作斗争。

不单是传统美国的起义助长了这几十年的政治保守主义，还有国内急剧的人口大迁徙。它让直到第二次世界大战还占主导地位的北部和东北部的人口大量流失，他们迁入南部和西部各州，这至少体现在相对数据上，有时候还是绝对数据。1990 年，西部人口首次超过了东北部，而 20 世纪 80 年代美国人口增长的一半都集中于三个州——加利福尼亚、得克萨斯和佛罗里达，它们是 2014 年以来人口数量最多的州，近年来三个州的人口总数的四分之一以上是华盛顿众议院议员。

在保守派势力发生转折的关口，南部和西部上升的政治力量推举了领袖罗纳德·里根，他以 489 ∶ 49 的优势战胜了卡特，以 51% 的选票当选为总统。美国政治的保守主义新方向于是有了坚实的授权基础，但其具体情况刚开始仍不明晰，尽管所谓的"里根经济"很快就已现形。在1981到1983年间，虽然有警告宣称未来几年会出现美国财政赤字的灾难性后果，但里根还是把所得税降低了25%，在他的建议下，国会还把20世纪60年代再也无力为继的福利国家措施投入削减了400亿美元。一系列经济管制措施，包括诸多生态保护方面的规定，都被削弱甚至完全取缔了。但正如农业一样，北方的老工业仍是受害方。生产量下滑，失业人数再度飙升，1984年美国的贸易赤字首次超过了1000亿美元的界限。

虽然里根的经济措施在1983年才开始起作用，但他平实的经济哲学（只有把蛋糕做大，那么每一小块才会自动变大）却被证明是一个谬论：20世纪80年代，社会福利大幅提升的所有好处几乎都落到了2%的人身上，而剩下的人则两手空空——如果不是收入越来越少。美国历史上没有任何时期像里根时代末期那样，呈现出国内收入和财富如此分布不均的态势。

除了经济新秩序，里根还强化了美国的军事力量，直到1985年把国防预算翻倍到3000多亿美元，目的是严防死守苏联这个在他看来人尽皆知、在世界上到处谋求恐怖意图的"邪恶帝国"。对苏联威胁的执着影响了美国对萨尔瓦多和尼加拉瓜的政策，当地的右翼势力有时候违背了国会意愿而获得了美国的大力支持。最后获悉的是，所谓"伊朗门事件"中的政府机构把资金从可疑的军火商那里转移到了伊朗，以便为尼加拉瓜镇压叛乱提供金融和武器援助，此时这一事件就被视作白宫里某些超级爱国主义者的行为，而里根则此前对他们的行动计划一无所知。

尽管美国对外政策继续军事化，在近东战争中败北，民众对核武器军备竞赛的批评之声日益增高，诸多政策也出现弱点和失利，但在首个执政期末尾，民众眼里颇具亲和力和能动性的里根还是得到了越来越多人的拥护。对于大多数美国人来说，他再次引领这个国度走上正轨，并重新给予它力量和来自世界的尊重。

不仅是美国的在世界上的声望有了改变，整个国家20世纪80年代的生活也发生了巨变。身体健康、慢跑、自然食品、抵制吸烟等社会行为模式成为一种生活方式的表征，它很大范围内建立在物质基础之上，像一种新的消费文化一样，挣钱也在这种生活方式中起着决定作用，电子媒体消费所占的比重越来越大，个人电脑则进入千家万户。"快富"模式下的新式社会典范形成，其代表人物有掮客、银行家和交易所操盘员。

对于中产阶层来说，以上所述很多都还是幻想，即使职场女性人数比之从前有所增加——1988年达到60%，但自我实现的阴暗面在于，当前离婚率足有一半之多。虽然近年来40%以上的黑人干着白领的工作，约45%的黑人有了私宅，但足有三分之一的黑人仍旧生活在贫困和绝望之中，越来越被吸毒、暴力的上升和重刑犯罪所包围，并且这些消极现象也早已侵入了白人中产阶层的生活。黑人与白人这两个群体之间出现了越来越难以逾越的社会屏障，并由此产生了一个恒久存在的下等阶层，而政府也日益视之为累赘。与之相比，伴随着各类觉醒运动扩散开来的宗教基要主义反倒引起更大的政治关注，教派的政治影响波及南部和西部的诸多联邦州。

1984年大选的引人瞩目之处并不在于里根再次成功当选，尽管当时已73岁高龄的他是美国有史以来最为年长的参选总统，至于他的选票比例高达59%也不是令人惊奇之处。真正让人惊诧的是，其一，因为杰西·杰克逊，1984年首次出现了黑人正式参加两党之一提名竞争的情况；其二，第一次两党之一有女性（杰拉尔丁·费拉罗）成为副总统候选人。即便这两个人在当时的情况下并未取得最后成功，但看起来已经冲破历史上的主要阻碍。

里根第二任期的成绩模棱两可。一方面，1983 年美国派军干预加勒比海小岛格林纳达的事务，并导致当地左派政府倒台；在此之后，1986 年 4 月，美国又因为利比亚支持国际恐怖主义而对该国实施轰炸。加强军备、大肆消费和里根经济政策的实施，让每年的财政预算赤字和贸易结算赤字达到数千亿美元，美国的保守主义新动向在最高法院也得到了增强，这得力于对四位新人的任命，包括 1981 年任职的最高法院首位女法官——桑德拉·戴·奥康纳，以及 1986 年上任的新首席大法官威廉·伦奎斯特。

另一方面，里根仍是美国乐观主义和坚韧精神的代表人物，他力主和平与裁军的政策臻于顶峰。他从冷战支持者和军备扩张者变成了和平使者，在 1987 年与戈尔巴乔夫商议了迄今为止最具影响力的裁军协定，并在柏林会晤时要求苏联方推倒柏林墙。

这个处于根本性变化中的世界成为 1988 年大选的背景基础，在各场选举中，共和党的提名很快落到了副总统乔治·布什的头上，而民主党那边最后是来自马萨诸塞的州长迈克尔·杜卡基斯胜出。鉴于国内弥漫的保守主义基调，布什毫不费力地给杜卡基斯贴上了无能的自由主义者的标签,他以54%的选票获胜也就不足为奇。杜卡基斯虽然获得了比约翰逊执政以来的任何民主党候选人都要多的选票（1976年的卡特除外），但他无力重新赢得白人工人阶级对自由主义政策的支持。

作为里根政策的遗留,国内诸如贫困、毒品和艾滋病等总得解决的问题,还有天文领域中的财政赤字都困扰着布什政府,但他宁愿承认巧言辞令已经足够,而不采取严肃的解决办法。作为老谋深算的外交政治家,布什原本也认为需要开展迫切行动的领域是在本国国土之外。中东欧的发展及共产主义政权体制的崩溃让布什受益,而他继续推行里根的政策,与戈尔巴乔夫订立了影响深远的裁军协议,让全部战略武器库变为废料以便为冷战画上一个官方的句号,这可能也对中东欧共产主义政权的崩溃起到了间接推助作用。在这种情形下,波兰和匈牙利等国家的共产主义制度崩溃,1989年11月9日,柏林墙倒塌,新的政策致使1990年10月3日民主德国终结以及两德重新统一,此时布什实行的是一种悄无声息却坚定决绝的政策,它能够维护美国在和平演变中的利益,让统一后的德国继续留在北大西洋公约组织,并支持华沙条约组织的解体以及苏军撤退到本国边界线之后。1991年,美国用同样坚定的政策来处理苏联解体问题,并以政治伙伴的面目把自己展示给解体后的各个国家。

新的世界秩序的幻景出现，美国在其中充当维护全球秩序的大国，并贯彻和平、民主、自由世界贸易和社会福利的理念。在这种背景下，1989年美国入侵巴拿马并逮捕独裁者诺列加，这可能仍是一场相对边缘化的前戏。1990到1991年间的海湾战争看起来才是大动静，当时为了反对伊拉克吞并石油蕴含量丰富的科威特，以美国军队为首的多国部队发动战争，由于多国兵力的武器技术优势，科威特这个位于波斯湾海畔的小国很快重获独立。

尽管发生了这一切，布什也不可能在美国政坛上毫无顾虑地利用自己"世界领袖"的角色。一场经济衰退清楚地显示，中产阶层最后从20世纪80年代的发展中获取的利益是多么低微，这使得其政治氛围向对布什不利的方向发展。虽然他可以从党内初选中胜出，但是经过长时间的物色后，民主党最终心不甘情不愿地确定了克林顿为人选，并选择来自得克萨斯的亿万富翁罗斯·佩罗作为无党派候选人上台，这时候布什几乎已经是机会寥寥，尤其是因为佩罗获得了19%的选票，而这要胜过1912年以来任何第三位候选人的成绩，作为对手的克林顿则赢得了43%的选票。即便1976年以来选民比例再次上升，达到所有人口总数的 54%，但支持克林顿的选民比例仍然很低——只有威尔逊在 1912 年创造过更低票数的纪录；由此一来，头两年国会的支持力度非常小，这导致克林顿除了通过一项打击犯罪的大规模法案，几乎再也不能贯彻更大力度的内政改革措施。形势在这个时候发生了翻天覆地的变化：鉴于选民在 1994 年的中期选举中越发怨声载道，共和党人于是在国会两院中赢得了多数支持，随之采取一项极端保守、绝对超越里根政策的计划，试图清除约翰逊执政时期尚还遗留的社会政治成就，通过大力限制支出不光消除财政赤字，而且在所有层面上严格削减国家的功用。克林顿试图抵制这样一种"砍光伐尽"的社会政策并非出自真心实意，归根结底是向美国政治自由主义的表白宣誓，这导致总统在很大程度上丧失了政治上的舆论引导权。虽然他成功地抵制了部分来自于自己党派的激烈抗议，与墨西哥和加拿大签署了北美自由贸易协定，成为全球化进程中的决定性一步，让《关税和贸易总协定》演化为世界贸易组织，并帮助海地实现了民主式发展，在近东和波斯尼亚贯彻和平进程；但克林顿的国内政策看起来空无内容，更多地充斥着选举竞争，与此同时，互联网开发、电子邮件和因特网开始对人类的日常生活产生革命性影响。

尽管如此，克林顿还是在 1996 年再次当选为美国总统，由此实现了自从威尔逊以来民主党代表首次连任两届总统的情况，如果撇开富兰克林·罗斯福的特殊地位不论的话。国会两院里共和党人占大多数，这一事实并没有改变，以至于在克林顿的第二任期，内政上的成果也相对甚微。为了实现美国的政治和经济利益，克林顿加大在欧洲和东亚的外交行动力度，在近东和世界其他地区同样如此，并展开了针对南联盟的北约战争。但这些举动只能在一定程度上转移民众对他那些绯闻的注意力，绯闻日益危及他的总统职位，并把他置于被控渎职的边缘。但他最终还是对自己任职期间罕见的经济繁荣沾沾自喜，除去经济发展，他的政绩毋宁说是毁誉参半的，也没为后继者的时代注入动力，尤其是因为 2000 年的总统大选以前所未有的溃败收场——特别是在佛罗里达州，其结果惨不忍睹，最终由最高法院判决方才确定。在这样的方式下，尽管乔治·布什的长子乔治·沃克·布什战胜了在任的副总统艾伯特·戈尔，从大选中胜出，但是苍白无力的选举氛围依旧笼罩着白宫，最终决定下任总统的不是选民，而是桑德拉·戴·奥康纳①。

---

　　①　时任美国联邦最高法院大法官，也是最高法院首位女法官。

新政府执政的第一年，秉承里根传统、自信满满的保守主义抬头，它对宗教权利的支持清晰可见。布什政府从一开始就明确表示不愿遵守前几届政府确立的国际义务，包括克林顿签署的大气保护协议（所谓的《京都议定书》），建立国际刑法法院的协议，以及在导弹防御领域持续近30年的军备限定协议（《反弹道导弹条约》），如果这些协定与美国自身的内政目标背道而驰的话。2001年9月11日，美国发生史无前例的恐怖袭击，这看似间接地确立了布什政策的合法地位。在这场袭击中，20名恐怖分子同时劫持了4架美国客机，并胁迫它们撞向美国权势的标志——位于纽约的世界贸易大厦和位于华盛顿的五角大楼，造成近3000人罹难。突然之间，不单是美国，而且是整个西方世界看起来都处于对基地组织和奥萨马·本·拉登的恐慌之中，被以上述机构和人物为代表的、席卷全球的恐怖主义氛围所包围。美国的军事应对并没有让人等待多久，2002年对作为基地组织培训中心的阿富汗塔利班政权发起攻击，因为据说伊拉克拥有大规模杀伤性武器，又在2003年攻入这个国家。即便现存政府在以上两场战争中很快推翻，但局势并未得到缓解。相反，战事冲突继续拖延下去，而在伊拉克并未出现可持续的解决方案，这就导致至少是美国的政治压力持续上升，最终，美国新保守派的抗议结束了这场有争议且代价高昂的伊拉克战争。

抗击恐怖主义的战争也在内部彻底改变了美国。借助 2002 年的《美国爱国主义行动法案》和次年的《国家安全行动法案》，布什政府在抗击恐怖主义的外衣下，对宪法保障的公民权利展开大肆侵犯。但因为保守共和党人与宗教右翼势力的介入，所有对这一政策的抗议都徒劳无功；正如 2005 年，政府在处理新奥尔良和海湾地区"卡特琳娜"毁灭性飓风所带来的后果中表现失职，对此的批评同样无功而返。

在爱国主义浪潮的席卷之下，其政策让美国日益陷入孤立的布什，仍然在 2004 年的大选中，以跟四年前差不多的险胜打败了约翰·克里。布什政策忽视了美国的基本法律原则，在内政上也乏善可陈，这让国内民众的不满也与日俱增，因为这一点，两年后，当民主党 1994 年以来再度占据国会两院之时，即将来临的转折点即已呈现出来。在此之前，布什还成功地任命约翰·罗伯茨为已逝的首席大法官伦奎斯特的继任者，并任命极度保守的塞缪尔·安东尼·阿利托替代已经下台的奥康纳，担任最高法院大法官一职。

第十一章
新的突破？
（2008—　）

　　要求变革的呼声风靡整个美国，尤其是因为 2008年 9 月两家地产抵押银行巨头——房地美和房利美几乎崩溃，雷曼兄弟银行宣告破产，这不仅让金融危机演变成了全球性的灾难，而且房地产泡沫的破碎还导致数百万美国人——特别是在西部和佛罗里达的居民流离失所。

　　没有谁比巴拉克·奥巴马能更加令人信服地代表要求变革的呼声。在与上一届总统比尔·克林顿的夫人——希拉里·罗德姆·克林顿展开漫长的前期选举竞争以后，奥巴马成功地获得民主党的提名。在共和党那里，也不是党派集团推举的候选人胜出，而是亚利桑那州的参议员、参加过越南战争的老兵约翰·麦凯恩。2008年11月4日，奥巴马以选票为52%的支持率战胜选票为46%的麦凯恩，这一结果如此清楚明白，正如以下情况十分不同凡响一样：在两个大党里面，首次出现了女性候选人竞选总统；在历时400年之久的奴役和种族歧视之后，首次有美国黑人当选为美国的最高政要职务，各个阶层的国民都广泛拥护这位总统，选民人数也明显增加；差不多半个世纪以来，首次有来自北方的参议员当选；有史以来，在美国乃至全世界，从来没有一位总统的当选和上台像巴拉克·奥巴马这样能得到如此热烈的欢呼。

直到2004年，来自伊利诺伊州的上一届青年参议员才登上政坛，但很快就因其自由且以共识为导向、高效能的政治风范闻名，这要特别归功于他口若悬河般的演说才能。

在以后的几年中，有很多的期望都不得不化为泡影，原因一方面在于政治现实，另一方面在于共和党与保守的白人中产阶层之间存在着不可调和的对立：借助2009年发起的"茶党"运动①，共和党人试图贯彻自己的政

①　"茶党"与其说是一个政党，不如说是一场右派民粹

治和社会保守理念，而反对他们眼中"并不美国"的总统，那厢美国左翼自由主义者又谴责奥巴马过分追求与共和党达成一致——而这种努力大多又是徒劳无功的。

尽管如此，奥巴马在他的第一届任期内还是能够顶住共和党人持续不断的反对意见，贯彻金融市场的规章制度——即便它覆盖的范围不够大，同时推行了一场克林顿并未成功做到的全面健康事业改革，其结果是发布了《平价医疗法案》，让数百万美国人可以加入被称为"奥巴马保险"的医疗保险。起先还犹疑不决的奥巴马，最终还是承认了同性恋者与普通居民完全等同的法律地位，这不仅让运动取得了决定性成功，甚至还引起了最高法院的关注，而且民众的广泛支持让他的地位得以增强，同时还让失业人数明显下降，由此一来，他在 2012 年以 51% 的选票再次当选，而共和党一边的米特·罗姆尼却以 47% 的支持率宣告失败，这也是摩门教徒首次参加总统竞选。

在对外政治上，无论如何，奥巴马还是成功地给伊

主义的草根运动。它发端于 1773 年的美国东北部的波士顿，是革命的代名词。2009 年 4 月 15 日是美国纳税日，新生的茶党发动了全国性的游行示威活动。2010 年 1 月底，全美茶党分支有 1134 个，茶党兴起表示反奥巴马情绪兴起。

拉克和阿富汗的战争画上了句号。即使一支美国特种部队于 2011 年在巴基斯坦成功地搜寻到了奥萨马·本·拉登并击毙了他，但美国的反恐战争仍未偃旗息鼓，而是以变化了的、经常是隐蔽的形式在亚洲和非洲继续展开，并且越来越多地调用其附属国参战，伊斯兰国面对如此残酷的恐惧组织，面临的挑战越来越大。

与之相对的是，奥巴马希望能通过以下外交政策让他的总统任职臻于顶峰：2015 年美国与伊朗签署了核协定，顶住以色列和国会的巨大抗议，终能贯彻执行；美国与古巴的关系经历过半个世纪邻国之间的冰冻期和跨太平洋合作伙伴关系之后，又恢复正常化；美国与 11个太平洋国家签署自由贸易协定，这些国家的贸易总额几乎占据世界贸易的 40%，但协定将中国排除在外，因此其目的也是一清二楚，即稳固由美国主导的太平洋地区，尽管如此，协定在内政上也存有很大争议。是否还要再跟欧盟订立自由贸易协定，目前尚还悬而未决，同样有待观望的是，在这期间，因为乌克兰危机毋宁说是降至冰点的美俄关系如何继续发展下去。

即使奥巴马在他的第二任期表现得更为决绝，而且不太愿意被国会里的共和党反对派阻碍，在环境和气候保护方面的行动也更为笃定，但要对他的总统政绩做出全面评价尚且为时过早。鉴于保守派的反对一直持续下去，他几乎没能废除关塔那摩颇有争议的监狱，同样地，早就已经逾期的移民和武器立法改革也几无进展。在他执政期间，与最初的期望背道而驰的是，国内的种族关系以及受歧视的少数群体的处境也基本没有得到改善。贫困和不平等仍是当前的挑战，而众所周知，那些超级富翁仅占人口总数的 1%，但看起来却越来越毫不掩饰地发挥主导作用。在奥巴马任职之后，美国还可能发生什么变化，且让我们静观其变。

附　录

美国历任总统

任数	姓名	出生地	任期	党派
1	乔治·华盛顿	弗吉尼亚	1789—1797	-
2	约翰·亚当斯	马萨诸塞	1797—1801	联邦党
3	托马斯·杰斐逊	弗吉尼亚	1801—1809	共和党
4	詹姆斯·麦迪逊	弗吉尼亚	1809—1817	共和党
5	詹姆斯·门罗	弗吉尼亚	1817—1825	共和党
6	约翰·昆西·亚当斯	马萨诸塞	1825—1829	共和党
7	安德鲁·杰克逊	田纳西	1829—1837	民主党
8	马丁·范·布伦	纽约	1837—1841	民主党
9	威廉·哈里逊	俄亥俄	1841（亡故）	辉格党
10	约翰·泰勒	弗吉尼亚	1841—1845	辉格党

任数	姓名	出生地	任期	党派
11	詹姆斯·诺克斯·波尔克	田纳西	1845—1849	民主党
12	扎卡里·泰勒	路易斯安那	1849—1850（亡故）	辉格党
13	米勒德·菲尔莫尔	纽约	1850—1853	辉格党
14	富兰克林·皮尔斯	新罕布什尔	1853—1857	民主党
15	詹姆斯·布坎南	宾夕法尼亚	1857—1861	民主党
16	亚伯拉罕·林肯	伊利诺伊	1861—1865（亡故）	共和党
17	安德鲁·约翰逊	田纳西	1865—1869	共和党
18	尤利西斯·辛普森·格兰特	伊利诺伊	1869—1877	共和党
19	拉瑟福德·伯查德·海斯	俄亥俄	1877—1881	共和党
20	詹姆斯·艾伯拉姆·加菲尔德	俄亥俄	1881（亡故）	共和党
21	切斯特·艾伦·阿瑟	纽约	1881—1885	共和党
22	格罗弗·克利夫兰	纽约	1885—1889	民主党
23	本雅明·哈里逊	印第安纳	1889—1893	共和党
24	格罗弗·克利夫兰	纽约	1893—1897	民主党
25	威廉·麦金利	俄亥俄	1897—1901（亡故）	共和党
26	西奥多·罗斯福	纽约	1901—1909	共和党

任数	姓名	出生地	任期	党派
27	威廉·霍德华·塔夫脱	俄亥俄	1909—1913	共和党
28	伍德罗·威尔逊	新泽西	1913—1921	民主党
29	沃伦·加梅利尔·哈定	俄亥俄	1921—1923（亡故）	共和党
30	卡尔文·柯立芝	马萨诸塞	1923—1929	共和党
31	赫尔伯特·C.胡佛	爱荷华	1929—1933	共和党
32	富兰克林·德拉诺·罗斯福	纽约	1933—1945（亡故）	民主党
33	哈里·S.杜鲁门	密苏里	1945—1953	民主党
34	怀特·戴维·艾森豪威尔	堪萨斯	1953—1961	共和党
35	约翰·菲茨杰拉德·肯尼迪	马萨诸塞	1961—1963（亡故）	民主党
36	林登·贝恩斯·约翰逊	得克萨斯	1963—1969	民主党
37	理查德·米尔豪斯·尼克松	加利福尼亚	1969—1974（辞职）	共和党
38	杰拉尔德·鲁道夫·福特	密歇根	1974—1977	共和党
39	吉米·卡特	佐治亚	1977—1981	民主党
40	罗纳德·里根	加利福尼亚	1981—1989	共和党
41	乔治·布什	得克萨斯	1989—1993	共和党
42	比尔·克林顿	阿肯色	1993—2001	民主党
43	乔治·沃克·布什	得克萨斯	2001—2009	共和党
44	巴拉克·奥巴马	伊利诺伊	2009—2017	民主党
45	唐纳德·特朗普	纽约	2017—	共和党

图书在版编目（CIP）数据

美国史 / [德]霍斯特·迪佩尔著；何俊译.
—上海：上海三联书店，2020.9
（贝克知识丛书）
ISBN 978-7-5426-7132-5

Ⅰ．①美… Ⅱ．①霍…②何… Ⅲ．①美国－历史
Ⅳ．① K712.0

中国版本图书馆 CIP 数据核字（2020）第 143733 号

美国史

著　　者 / [德]霍斯特·迪佩尔
译　　者 / 何　俊
责任编辑 / 程　力
特约编辑 / 苏雪莹
装帧设计 / 鹏飞艺术
监　　制 / 姚　军
出版发行 / 上海三联书店
　　　　　（200030）中国上海市漕溪北路 331 号 A 座 6 楼
邮购电话 / 021-22895540
印　　刷 / 北京天恒嘉业印刷有限公司
版　　次 / 2020 年 9 月第 1 版
印　　次 / 2020 年 9 月第 1 次印刷
开　　本 / 787×1092　1/32
字　　数 / 80 千字
印　　张 / 5.625

ISBN 978-7-5426-7132-5/K·595

定　价：36.80元